Ansible 설정 관리

Ansible 설정 관리

손쉽게 환경설정 배포가 가능한 자동화 툴

다니엘 홀 지음 | 김용환 옮김

지은이 소개

다니엘 홀^{Daniel Hall}
2009년 RMIT 대학의 컴퓨터 과학 학사 학위를 받고 난 후 동 대학의 시스템 관리자로 일하기 시작했다. 얼마 전부터는 realestate.com.au에 배포 프로세스를 개선하는 작업을 진행하고 있다. 대부분의 시스템 관리자처럼 맡은 일을 더 쉽게 만들고자 끊임없이 노력하고, 이러한 일에 앤시블^{Ansible}을 사용하고 있다.

이 책을 집필하는 동안, 계속 응원해준 저의 파트너 케이트에게 감사의 인사를 전합니다. 또한, 통찰력 있게 수정해준 검토자분들에게 감사드립니다. 마지막으로 저에게 기회를 주시고, 글쓰기의 세계에 첫발을 내딛을 수 있게 도와주신 팩트출판사의 모든 분들에게 감사의 말씀을 전합니다.

기술 감수자 소개

닐스 드퀘커^{Niels Dequeker}

웹에 대한 열정이 있는 프론트엔트 개발자다.

현재 아름다운 암스테르담 도시 중간에 위치한 회사인 히포^{Hippo}의 자바스크립트 연구 개발 팀에서 일하고 있다. 가능성과 솔루션에 대해 동료와 고객 모두에게 조언을 주고 있는 히포 CMS의 구현을 책임지고 있다.

서버 설정과 애플리케이션 배포의 상용 환경에서 앤시블을 사용했으며, 매달 공유하고, 영감을 얻고, 배우기 위해 모이는 암스테르담의 자바스크립트 MVC 미트업의 공동 창시자다.

렉스 톰부로우^{Lex Toumbourou}

8년 이상 정보 분야에서 시스템 엔지니어와 소프트웨어 개발을 중심으로 경력을 쌓으며 일하고 있다. 최근에 앤시블로 초점을 돌렸지만, 퍼펫^{Puppet}, 나기오스^{Nagios}, RRD, 패브릭^{Fabric}, 장고^{Django}, 포스트그레스^{Postgres}, 스플렁크^{Splunk}, 깃^{Git}, 파이썬^{Python} 생태계, PHP 생태계를 비롯한 분야에서 모든 부문의 일을 하고 있다. 데브옵스^{DevOps}의 열렬한 지지자며, 자동화와 분석 일을 사랑한다.

> 제 삶에서 가장 열정적으로 살았던 한 해 동안 저와 함께 해준 여자친구 켈리수에게 고마움을 전합니다. 정말 사랑해요.

옮긴이 소개

김용환 knight76@gmail.com

마흔의 평범한 개발자로, 네이버를 거쳐 현재는 다음카카오에서 카카오 스토리를 개발하고 있다. 다양한 시도와 도전을 좋아하며, 이와 관련한 개발과 실무 경험들을 블로그(http://knight76.tistory.com)에 기록하고 있다. 또한, 정보통신산업진흥원NIPA 산하 소프트웨어공학센터에 실무 경험을 바탕으로 한 여러 주제의 글도 기고한다.

옮긴이의 말

저는 네이버에서 백엔드 플랫폼을 개발하고 운영하는 업무를 했습니다. 그중 빌드/배포 서버 개발을 담당하면서 많은 것을 배우고 경험할 수 있었습니다. 자동화에 대한 고민들과 개발자들이 좀 더 효과적으로(편하게) 업무할 수 있는 방법에 대해 특히 많이 생각했던 것 같습니다. 현재 데브옵스^{DevOps}가 하는 비슷한 고민들이기도 합니다.

일반적인 웹/모바일 서비스 회사의 서버는 리눅스를 사용합니다. 리눅스가 설치된 서버에 들어가 라이브러리나 데이터베이스를 설치하고, 설정을 배포합니다. 운영하다가 하드웨어 문제(하드디스크, 전원 장비, CPU, 메모리)나 소프트웨어 이슈(리눅스 배포판 업그레이드)가 발생했을 때, 다시 설치하고 설정을 배포하려면 기존과 동일하게 작업해야 합니다. 자주 하는 작업은 아니지만, 매우 중요한 일입니다. 이런 작업이 자동화될 수 있도록 지원하는 것이 바로 배포 툴입니다. 과거에는 각 회사에서 담당 개발자의 취향에 맞게 개발되고 운영했지만, 현재 배포 툴이 점차 오픈소스로 바뀌면서 (각 상황에 맞게 최적화되어) 널리 사용되고 있습니다. 퍼펫^{Puppet}, 셰프^{Chef}, 앤시블^{Ansible}이 대표적인 배포 툴입니다.

앤시블은 애플리케이션과 라이브러리를 쉽게 배포할 수 있는 자동화 툴입니다. 배포나 업데이트를 하기 위해 매번 서버에 접속해서 스크립트를 배포할 필요가 없습니다. 배포 스크립트 작성 없이 사용자 정의 설정만으로 에이전트^{Agent} 없는 리모트 환경에서 SSH를 이용해 서버에 접근해서 작업할 수 있습니다.

현재 앤시블은 다른 툴과 달리 가장 빠른 추세로 확산되고 있습니다. 이렇게 단기간에 많이 사용되는 이유와 강점에 대한 제 생각은 다음과 같습니다.

- 사용하기 쉽고, 간단해서 빠른 습득과 적용이 가능합니다. 이미 알려진 표준을 활용해 쉽게 사용할 수 있고, 유지보수 및 인수인계가 간단하고 쉽습니다.

- 멀티 플랫폼을 지원합니다. 맥^{Mac}/리눅스^{Linux}/윈도우^{Window}를 지원하며, 테스트 환경^{Vagrant}에서도 사용할 수 있습니다.

- 에이전트^{Agent} 기반이 아닌 SSH 기반으로 스크립트 배포 없이 관리 서버에서 실행할 수 있습니다.

- 멱등성^{idempotence}(여러 번 적용하더라도 결과는 동일함)이 보장되는 모듈을 지원합니다.

- 순차 실행뿐 아니라 병렬 실행을 지원해 좀 더 빠른 처리가 가능합니다.

- 앞으로도 개발 가능성이 높고 개발자의 참여도가 높은 오픈소스 도구입니다. 앤시블 내부는 JSON으로 통신하며, 파이썬^{Python}뿐 아니라 다른 언어에서도 호환되어 개발할 수 있습니다.

레드햇, 버라이즌, 애틀라시안, 트위터, 베리사인, EA, 에버노트, 나사^{NASA}, 고프로, 랙스페이스, 주니퍼 등 유수의 IT 기업들이 도입했으며, 1,000명이 넘는 개발자들이 앤시블 오픈소스에 공헌하고 있습니다.

국내에서 처음으로 앤시블 관련 서적을 번역하고, 알릴 수 있어 영광입니다. 부족한 제가 번역할 수 있도록 기회를 주신 김희정 부사장님과 에이콘출판사 분들께 깊이 감사드립니다. 변함없는 믿음과 사랑으로 격려해주는 아내 지현과 언제나 환한 웃음으로 맞이해주는 딸 조안이 덕분에 즐겁게 번역을 마칠 수 있었습니다.

모쪼록 이 책이 앤시블을 활용하고자 하는 분들께 시원한 해결책을 제시하고, 하시는 업무에 실질적인 도움이 되기를 바랍니다.

감사합니다.

김용환

목차

들어가며

CFEngine이 1993년도에 마크 버제스^{Mark Burgess}에 의해 처음 만들어질 때부터 설정 관리 도구는 끊임없이 진화해왔다. 퍼펫^{Puppet}과 셰프^{Chef} 같은 더 현대적인 도구의 출현에 이어, 현재는 시스템 관리자가 선택할 수 있는 많은 도구가 존재한다.

앤시블^{Ansible}은 설정 관리 공간에 초점을 맞춘 새로운 도구 중 하나다. 다른 도구들이 완벽성과 설정에 초점을 맞춘 반면, 앤시블은 이런 동향을 완강히 거부하며 단순성과 사용 편의성에 초점을 맞추고 있다.

이 책에서는 앤시블 CLI 도구를 사용하는 것부터 시작해서 플레이북을 작성하는 방법, 크고 복잡한 환경에서 관리하는 방법까지의 앤시블 사용 방법을 보여주는 것을 목표로 한다. 마지막으로 자신의 모듈을 작성해서 앤시블을 확장하는 방법을 알려줄 것이다.

이 책의 구성

1장. 앤시블 시작   앤시블의 기초, 인벤토리를 만드는 방법, 모듈을 사용하는 방법, 가장 중요한 도움말 사용 방법을 알아본다.

2장. 간단한 플레이북   장비를 관리하는 앤시블 플레이북을 생성하기 위해 여러 모듈을 결합할 수 있는 방법을 살펴본다.

3장. 플레이북 심화 내용   앤시블의 스크립트 언어에 대해 깊게 탐구하고 더 복잡한 언어 구조를 알려준다.

4장. 대규모 프로젝트   매우 복잡한 시스템을 포함하는 대규모 배포에서 앤시블 설정의 크기를 변경할 수 있는 기법을 알아본다.

5장. 사용자 정의 모듈　　앤시블의 현재 기능뿐 아니라 앤시블의 확장 방법을 살펴본다.

준비사항

이 책을 활용하려면 적어도 다음과 같은 준비가 필요하다.

- 문서 편집기
- 리눅스 운영체제가 설치된 장비
- 파이썬 2.6.x

하지만, 앤시블의 효과를 완전히 사용하려면 관리할 수 있는 사용 가능한 여러 리눅스 장비가 있어야 한다. 필요하다면, 많은 장비를 시뮬레이션할 수 있는 가상 플랫폼을 사용할 수도 있다.

이 책의 대상 독자

이 책은 앤시블이 작동하는 방법의 기초를 이해하고자 하는 사람을 대상으로 한다. 이 책의 독자는 리눅스 장비를 설치하고 설정하는 방법의 기초적인 지식을 알고 있는 것으로 가정한다. 책의 여러 부분에서 BIND, MySQL, 기타 리눅스 데몬의 설정 파일을 다루기 때문에 해당 설정 파일의 관련 지식이 있다면 도움이 되겠지만 반드시 필요한 것은 아니다.

이 책의 편집 규약

정보의 종류를 구분하기 위해 여러 가지 텍스트 스타일을 사용했다. 이러한 스타일의 예와 의미는 다음과 같다.

텍스트에서 코드 단어는 다음과 같이 표시한다.

"template 모듈도 copy 모듈의 owner, group, mode와 같은 인수를 받는다."

코드 블록은 다음과 같이 표시한다.

```
[group]
machine1
machine2
machine3
```

코드 블록에서 중요한 부분은 다음과 같이 굵게 표시한다.

```
tasks:
  - name: install apache
    action: yum name=httpd state=installed

  - name: configure apache
    copy: src=files/httpd.conf dest=/etc/httpd/conf/httpd.conf
```

커맨드라인의 입력 또는 출력은 다음과 같이 표시한다.

```
ansible machinename -u root -k -m ping
```

 경고나 중요한 노트는 박스 안에 이와 같이 표시한다.

 팁과 트릭은 박스 안에 이와 같이 표시한다.

독자 의견

독자로부터의 피드백은 항상 환영이다. 이 책에 대해 무엇이 좋았는지 또는 좋지 않았는지 소감을 알려주기 바란다. 독자 피드백은 독자에게 필요한 주제를 개발하는 데 매우 중요하다.

일반적인 피드백을 우리에게 보낼 때는 간단하게 feedback@packtpub.com으로 이메일을 보내면 되고, 메시지의 제목에 책 이름을 적으면 된다. 여러분이 전문 지식을 가진 주제가 있고, 책을 내거나 책을 만드는 데 기여하고 싶으면 www.packtpub.com/authors에서 저자 가이드를 참조하기 바란다.

고객 지원

팩트 출판사의 구매자가 된 독자에게 도움이 되는 몇 가지를 제공하고자 한다.

예제 코드 다운로드

이 책에 사용된 예제 코드는 http://www.packtpub.com의 계정을 통해 다운로드할 수 있다. 다른 곳에서 구매한 경우에는 http://www.packtpub.com/support를 방문해 등록하면 파일을 이메일로 직접 받을 수 있다. 에이콘출판사의 도서정보 페이지인 http://www.acornpub.co.kr/book/ansible에서도 예제 코드를 다운로드할 수 있다.

오탈자

내용을 정확하게 전달하기 위해 최선을 다했지만, 실수가 있을 수 있다. 팩트 출판사의 책에서 코드나 텍스트상의 문제를 발견해서 알려준다면 매우 감사하게 생각할 것이다. 그런 참여를 통해 다른 독자에게 도움을 주고, 다음 버전에서 책을 더 완성도 있게 만들 수 있다. 오자를 발견한다면 http://www.packtpub.com/support를 방문해 이 책을 선택하고, 정오표 제출 양식을 통해 오류 정보를 알려주기 바란다. 보내준 내용이 확인되면 웹 사이트에 그 내용이 올라가거나, 해당 서적의 정오표 섹션에 그 내용이 추가될 것이다. http://www.packtpub.com/support에서 해당 타이틀을 선택하면 지금까지의 정오표를 확인할 수 있다. 한국어판은 에이콘출판사 도서정보 페이지 http://www.acornpub.co.kr/book/ansible에서 찾아볼 수 있다.

저작권 침해

저작권 침해는 모든 인터넷 매체에서 벌어지고 있는 심각한 문제다. 팩트출판사에서는 저작권과 라이선스 문제를 아주 심각하게 인식하고 있다. 어떤 형태로든 팩트출판사 서적의 불법 복제물을 인터넷에서 발견했다면 적절한 조치를 취할 수 있게 해당 주소나 사이트 명을 즉시 알려주길 부탁한다. 의심되는 불법 복제물의 링크를 copyright@packtpub.com으로 보내주기 바란다. 저자와 더 좋은 책을 위한 팩트출판사의 노력을 배려하는 마음에 깊은 감사의 뜻을 전한다.

질문

이 책에 관련된 질문이 있다면 questions@packtpub.com을 통해 문의하기 바란다. 최선을 다해 질문에 답해 드리겠다. 한국어판에 관한 질문은 이 책의 옮긴이나 에이콘출판사 편집팀(editor@acornpub.co.kr)으로 문의해주길 바란다.

1
앤시블 시작

앤시블^{Ansible}은 오늘날 사용 가능한 기타 설정 관리 도구와는 여러 면에서 다른 점이 많다. 영어로 작성된 간단한 설정 문법부터 설정의 편리함까지 거의 모든 방면에서 설정을 쉽게 할 수 있도록 설계되었다. 앤시블을 쓰면 사용자 정의 설정과 배포 스크립트 작성을 더 이상 하지 않아도 되며, 작업에 바로 착수할 수 있다.

앤시블은 인프라 관리용 장비 위에 설치하기만 하면 된다. 또한, 관리 장비에 설치되는 클라이언트가 필요하지 않고, 앤시블 사용 전에 설치해야 하는 서버 인프라도 전혀 필요하지 않다. 이 장에서 다루겠지만, 앤시블 설치를 완료하고 나면 단 몇 분 안에 앤시블을 사용할 수 있다.

앞으로 컨트롤러 장비에 커맨드라인으로 앤시블을 사용하게 되며, 이 컨트롤러 장비는 '관리 장비'라 불리는 다른 장비를 설정하는 데 사용할 것이다. 앤시블은 컨트롤러 장비뿐 아니라 관리 장비조차도 많은 요구사항을 두지 않는다.

컨트롤러 장비의 요구사항은 다음과 같다.

- 파이썬 2.6 또는 그 이상의 버전
- 파라미코^{paramiko}
- 파이야믈^{PyYAML}
- 진자2^{Jinja2}

관리 장비는 파이썬의 버전이 2.4 또는 그 이상이어야 하고 `simplejson` 모듈이 필요하다. 그러나 만약 파이썬의 버전이 2.6 또는 그 이상이면 파이썬만 있으면 된다.

1장에서 설명할 주제는 다음과 같다.

- 앤시블 설치
- 앤시블 환경 설정
- 커맨드라인에서 앤시블 사용
- 도움을 얻는 방법

설치 방법

기존 장비 또는 인프라 집합을 관리하기 위해 앤시블을 사용할 경우, 해당 집합 시스템에 포함된 패키지 관리자를 사용하고 싶을 것이다. 여러분의 배포판이 업데이트되더라도 앤시블에 대한 업데이트를 얻을 수 있고, 이는 조금 뒤에 설명할 pip, 소스 설치 등의 다른 방법에 비해 여러 버전들이 뒤처질 수 있음을 의미한다. 하지만, 사용 중인 시스템에서 테스트된 버전을 실행하게 된다는 뜻은 아니다.

기존 인프라를 실행하면서 앤시블의 최신 버전이 필요하면, pip를 이용하여 앤시블을 설치할 수 있다. pip는 파이썬 소프트웨어와 라이브러리의 패키지를 관리하는 데 사용하는 도구다. 앤시블은 릴리스되는 즉시 pip에 푸시된다. 따라서 최신 버전의 pip이면, 항상 앤시블의 최신 버전을 실행할 수 있다.

만약 여러분이 많은 모듈을 개발해서 앤시블에 기여하고 싶은 생각이 든다면, 반드시 체크 아웃된 버전을 실행해야 한다. 하지만, 테스트된 최신 앤시블 버전을 실행하고 있다면, 하나 또는 두 가지의 사소한 어려움을 경험할 수 있다.

배포판에서 설치

대부분의 최신 배포판은 자동으로 패키지 종속성 및 업데이트를 관리하는 패키지 관리자를 포함한다. 이것은 앤시블을 시작하는 가장 쉬운 방법으로 일반적으로 단 하나의 커맨드를 이용해 패키지 관리자를 통해 앤시블을 설치한다. 또한 앤시블의 하나 또는 둘 뒤의 버전이 될 수 있지만 장비를 업데이트함에 따라 업데이트가 일어날 것이다. 다음은 가장 일반적인 배포판에 앤시블을 설치하는 커맨드이다. 여러분이 뭔가 다른 것을 사용한다면 패키지 또는 배포판의 패키지 목록의 사용자 설명서를 참조하라.

- 페도라^{Fedora}, RHEL, 센트OS^{CentOS} 등의 호환 배포판: `$ yum install ansible`

- 우분투^{Ubuntu}, 데비안^{Debian} 등의 호환 배포판: `$ apt-get install ansible`

pip에서 설치

pip는 배포판의 패키지 관리자처럼 여러분이 요청하는 패키지와 그 패키지의 의존 라이브러리를 찾고, 설치하고, 업데이트를 처리한다. 패키지 관리자에서 설치하는 것 만큼이나 쉽게 pip를 이용하여 앤시블을 설치할 수 있다. 하지만 pip를 이용한 앤시블은 운영체제와 함께 업데이트되지 않는다는 점에 특히 주의해야 한다. 게다가 운영체제를 업데이트할 때, 설치된 앤시블을 예상 밖의 상황으로도 망가뜨릴 수 있다. 다음은 pip를 통해 앤시블을 설치하는 커맨드다.

```
$ pip install ansible
```

소스 코드로 설치

소스 코드로 설치하는 것은 최신 버전을 얻을 수 있는 좋은 방법이지만 출시 버전만큼 제대로 테스트되지 않을 수 있다. 또한 신규 버전으로 업데이트를 신경 써야 하고 운영체제 업데이트와 함께 앤시블이 계속 동작할 수 있도록 확실하게 해야 한다. 깃git 저장소를 복제하고 설치하려면 다음 커맨드를 실행한다. 다음과 같이 실행하려면 여러분의 시스템에 root 접속을 해야 할 수도 있다.

```
$ git clone git://github.com/ansible/ansible.git
$ cd ansible
$ sudo make install
```

앤시블 설정

앤시블은 장비를 관리하기 위해 구성하고자 하는 장비의 인벤토리를 얻을 수 있어야 한다. 인벤토리 플러그인을 적용하면서 여러 가지 방법이 사용될 수 있다. 몇 개의 다른 인벤토리 플러그인은 기본 설치에 포함되었다. 나중에 이 책에서 이 부분들을 살펴볼 것이지만, 지금은 간단한 장비 파일 인벤토리를 다룰 것이다.

기본 앤시블 인벤토리 파일은 hosts라는 파일 이름이며 /etc/ansible에 위치한다. 해당 파일은 INI 파일과 같이 형식을 갖추고 있다. 그룹 이름은 대괄호로 에워싸여 있고, 다음 그룹의 머리 부분에 이르기까지 모든 것이 그룹에 포함되며 해당 그룹 이름에 속하도록 배치된다. 장비는 한 번에 많은 그룹 안에 있을 수 있다. 그룹은 동시에 여러 장비를 구성할 수 있게 사용된다. 여러분은 뒤에서 나올 예제에서 장비 이름 대신 장비 패턴으로 그룹을 사용할 수 있고, 앤시블은 동시에 전체 그룹으로 모듈을 실행할 수 있다.

다음 예제에서 우리는 webservers라는 그룹 이름 안에 site01, site02, site01-dr 등의 세 대의 장비를 가지고 있다. 또한 site01, site02, db01, bastion으로 이루어지는 production 그룹이 있다.

```
[webservers]
site01
site02
site01-dr

[production]
site01
site02
db01
bastion
```

앤시블 인벤토리에서 장비를 배치했을 때, 장비에 대상으로 커맨드 실행을 시작할 수 있다. 앤시블은 여러분 자신과 장비 사이의 연결을 테스트해 줄 수 있는 ping이라고 불리우는 간단한 모듈을 포함한다. 장비에 설정할 수 있는지 확인하기 위해 장비들 중 하나에 앤시블을 커맨드라인으로 사용하자.

앤시블은 단순하게 쓰일 수 있도록 설계되어서 개발자들이 앤시블을 이용하는 방법 중 하나로 관리 장비에 연결하기 위해 SSH를 사용한다. 그리고 앤시블은 SSH 연결을 통해 코드를 전송하고 실행한다. 즉, 관리 장비에 앤시블을 전혀 설치할 필요가 없다는 것을 의미한다. 또한 앤시블이 이미 장비를 관리하는 데 사용 중인 동일한 채널을 사용할 수 있음을 의미하기도 한다.

첫째, 앤시블 ping 모듈을 사용하여 구성할 서버에 대한 연결을 확인한다. 이 모듈은 다음과 같이 간단하게 서버에 연결한다.

```
$ ansible site01 -u root -k -m ping
```

위 명령어는 SSH 암호를 요청하며 암호를 입력한 후에는 다음 코드와 같이 보이는 결과를 생성한다.

```
site01 | success >> {
  "changed": false,
  "ping": "pong"
}
```

원격 장비의 SSH 키 설정이 있는 경우에는 프롬프트를 생략하고 SSH 키를 사용하는 -k 인수를 생략할 수 있다. 또한 전역 앤시블 설정이나 하나의 장비 단위의 인벤토리 안에서 항상 특정 사용자 이름을 사용할 수 있도록 설정할 수 있다.

전역으로 사용자 이름을 설정할 때는 /etc/ansible/ansible.cfg를 수정하여 [defaults] 부분에 remote_user를 설정하는 행을 변경한다. 또한 앤시블이 remote_port를 변경하여 SSH로 연결할 디폴트 포트를 변경할 수 있다. remote_user와 remote_port를 변경하는 방법으로 모든 장비의 기본 설정을 변경할 것이다. 해당 기본 설정은 서버별 또는 그룹 단위의 인벤토리 파일에서 오버라이드가 가능하다.

인벤토리 파일의 사용자 이름을 설정하려면 해당 인벤토리 파일의 행에 ansible_ssh_user를 간단히 추가한다. 예를 들어, 다음 코드 부분은 site01 장비는 root 사용자 이름을 사용하고, site02 장비는 daniel 사용자 이름을 사용하는 인벤토리임을 보여준다. 코드에는 여러분이 사용할 수 있는 다른 변수도 있다. site01-dr 장비의 ansible_ssh_host 요소는 다른 장비 이름을 설정하며 ansible_ssh_port 요소는 다른 포트를 설정하는 것이 예제에 있다. 마지막으로 db01 장비는 fred 사용자 이름을 사용하며, ansible_ssh_private_key_file을 이용하여 비밀 키를 설정한다.

```
[webservers]        #1
site01 ansible_ssh_user=root        #2
site02 ansible_ssh_user=daniel          #3
site01-dr ansible_ssh_host=site01.dr ansible_ssh_port=65422          #4
[production]        #5
site01        #6
site02        #7
db01 ansible_ssh_user=fred ansible_ssh_private_key_file=/home/fred/.
ssh.id_rsa bastion        #8
```

앤시블이 관리 장비의 root 계정으로 직접 접근하는 것이 불편하거나 장비에서 root 계정으로 SSH 접근을 허용하지 않도록 한다면(예: 우분투의 기본 구성과 같음), 앤시블에 sudo를 이용하여 root 계정 접근이 가능하도록 구성할 수 있다. sudo와 함께 앤시블을 이용하는 것은 root 접근 방식과 동일하게 감사를 시행할 수 있음을 의미한다. sudo를 사용하여 앤시블을 설정하는 것은 관리 장비에 설정된 sudo가 필요한 것을 제외하고는 포트 설정하는 것만큼 간단하다.

첫 번째 단계는 /etc/sudoers 파일에 하나의 행을 추가하는 것이다. 여러분이 자신의 계정 사용을 선택하는 경우에는 이미 sudo를 사용할 수 있도록 설정되어 있을 수 있다. sudo에 암호를 사용할 수 있고, 아니면 암호 없이 sudo를 사용할 수 있다. 암호 사용을 결정한 경우에는 앤시블에 -k 인수를 사용하거나 /etc/ansible/ansible.cfg의 `ask_sudo_pass` 값을 `true`로 설정할 필요가 있다. 앤시블에 sudo를 사용하려면 커맨드라인에 --sudo를 추가한다.

앤시블과 함께 하는 첫 단계

앤시블 모듈은 '키=값'과 유사하게 보이도록 하는 키-값 쌍으로 인수를 받을 수 있고, 원격 서버에서 작업을 수행할 수 있으며, 해당 작업의 정보를 JSON으로 반환한다. 모듈은 키-값 쌍으로 요청을 받을 때 무엇을 해야 하는지 알고 있다. 키-값 쌍은 하드 코딩된 값이 될 수 있거나, 플레이북 안에서 변수로 사용될 수 있다. 관련 내용은 2장에서 설명할 것이다. 앤시블은 모듈에서 반환된 데이터를 통해 어떤 것이 바뀌었거나 또는 어떤 변수가 바뀔 것인지 또는 나중에 값을 설정해야 할지 알고 있다.

많은 모듈을 함께 묶게 할 수 있는데, 보통 모듈은 플레이북 안에서 실행되지만, 커맨드라인에서도 사용할 수 있게 할 수 있다. 이전에 앤시블이 올바르게 설정되었다는 것을 확인하기 위해 ping 커맨드를 사용했고 앤시블이 설정된 노드에 접근할 수 있었다. ping 모듈은 실질적으로 하는 것은 없지만 원격 장비에서 앤시블의 핵심 부분이 실행 가능한지 여부만 확인한다.

약간 더 유용한 모듈은 setup이라 불리는 모듈이다. 해당 모듈은 앤시블이 설치된 노드에 연결되어 시스템에 대한 데이터를 수집한 다음 해당 값을 반환한다. 커맨드라인에서 실행하는 동안에 해당 모듈이 특별히 유용하지 않지만, 플레이북에서는 뒤에 나오는 다른 모듈에서 해당 모듈이 수집한 값들을 사용할 수 있다.

커맨드라인에서 앤시블을 실행하려면, 보통 두 개 또는 세 개의 정보를 넘길 필요가 있다. 첫 번째는 특정 모듈에 적용하길 원하는 장비를 맞추어 주는 장비 패턴이다. 두 번째로 특정 모듈의 이름과 선택적으로 해당 모듈에 전달을 원하는 인수를 제공해야 한다. 장비 패턴의 경우 장비 이름을 찾는 정규 표현식을 따라 그룹 이름, 장비 이름, glob 및 물결표(~)를 사용할 수 있으며, 아니면 간단하게 * 또는 단어 모두를 사용하여 이에 맞는 장비 모두를 기호화할 수 있다.

장비 중 하나에서 setup 모듈을 실행하려면 다음 커맨드라인이 필요하다.

```
$ ansible machinename -u root -k -m setup
```

setup 모듈은 장비에 연결하여 유용하고 많은 팩트fact[1]를 줄 것이다. setup 모듈 자체에서 제공하는 모든 팩트는 변수와 구별하기 위해 ansible_이 앞에 추가된다. 다음 표에 사용할 수 있는 대부분의 공통 값, 예제, 필드를 간단히 정리하였다.

필드	예제	설명
ansible_architecture	x86_64	관리 장비의 아키텍처
ansible_distribution	CentOS	관리 장비의 리눅스 또는 유닉스 배포판
ansible_distribution_version	6.3	배포판 버전

(이어짐)

---

1 fact는 ansible에서 사용되는 용어로서, 원격 장비로부터 얻는 변수 - 옮긴이

필드	예제	설명
ansible_domain	example.com	서버의 장비 이름의 부분적인 도메인 이름
ansible_fqdn	machinename.example.com	관리 장비 도메인의 완전한 도메인 이름
ansible_interfaces	["lo", "eth0"]	장비가 가지고 있는 모든 인터페이스 리스트(루프백 인터페이스도 포함)
ansible_kernel	2.6.32-279.el6.x86_64	장비 장비에 설치된 커널 버전
ansible_memtotal_mb	996	관리 장비에 사용 가능한 총 메모리(MB)
ansible_processor_count	1	관리 장비에 사용 가능한 전체 CPU 개수
ansible_virtualization_role	guest	장비 guest인지 host 장비인지 알려줌
ansible_virtualization_type	kvm	관리 장비에 설치된 가상화 타입

해당 변수는 파이썬을 이용해 장비 시스템으로부터 수집된다. 만약 원격 장비에 facter나 ohai가 설치되어 있는 경우, setup 모듈을 facter나 ohai를 실행하고 실행한 결과를 반환한다. 다른 팩트와 마찬가지로, ohai 팩트는 ohai_가 앞에 추가되고 facter 팩트는 facter_가 앞에 추가된다. setup 모듈이 커맨드라인에서 자주 사용하지 않는 것처럼 보일 수 있긴 하지만, 플레이북을 쓰기 시작하면서 setup 모듈을 사용하기 시작할 것이다.

앤시블의 모든 모듈이 setup과 ping 모듈처럼 미미하게 작동한다면, 원격 장비에 아무것도 변경할 수 없을 것이다. 앤시블이 제공하는 대다수 모듈은 file 모듈의 예처럼 실제로 원격 장비를 설정할 수 있다.

file 모듈은 단일 경로 인수로 호출될 수 있다. file 모듈은 해당 파일에 대한 정보를 반환할 수 있도록 한다. 여러분이 더 많은 인수를 준다면, 해당 파일의 속성을 변경하려 할 것이고 만약 무엇인가 변경되었다면 알려줄 것이다. 플레이북을 작성할 때 앤시블 모듈이 더 중요한 무엇인가를 변경하면 앤시블 모듈은 거의 대부분 알려줄 것이다.

다음의 커맨드에서 보여준 것처럼 /etc/fstab에 대한 상세 정보를 보기 위해서 file 모듈을 호출할 수 있다.

```
$ ansible machinename -u root -k -m file -a 'path=/etc/fstab'
```

앞의 커맨드는 다음 코드와 같이 응답 값을 얻어낸다.

```
machinename | success >> {
  "changed": false,
  "group": "root",
  "mode": "0644",
  "owner": "root",
  "path": "/etc/fstab",
  "size": 779,
  "state":
  "file"
}
```

또는 /tmp 디렉토리 밑의 test 디렉토리를 생성하기 위한 커맨드는 다음과 같다.

```
$ ansible machinename -u root -k -m file -a 'path=/tmp/test
state=directory mode=0700 owner=root'
```

앞의 커맨드는 다음 코드와 같이 반환한다.

```
machinename | success >> {
  "changed": true,
  "group": "root",
```

```
    "mode": "0700",
    "owner": "root",
    "path": "/tmp/test",
    "size": 4096,
    "state": "directory"
}
```

해당 디렉토리가 존재하지 않거나 다른 속성을 가지는 경우, 두 번째 커맨드 에서는 changed 변수의 값을 true로 저장한다. 두 번째로 실행하면 changed 변수의 값이 어떠한 변경도 필요로 하지 않았음을 나타내는 false가 되어야 한다.

file 모듈과 비슷한 인수를 받아주는 여러 모듈들이 있는데 그 중 하나는 copy 모듈이다. copy 모듈은 컨트롤러 장비의 파일을 가지고 관리 장비로 복사하고 필요하면 속성을 설정한다. 예를 들어, 관리 장비의 /tmp 디렉토리에 /etc/ fstab 파일을 복사하려면 다음 커맨드를 사용한다.

```
$ ansible machinename -m copy -a 'src=/etc/fstab dest=/tmp/fstab'
```

처음 실행하면, 앞의 커맨드는 다음 코드와 같이 반환한다.

```
machinename | success >> {
    "changed": true,
    "dest": "/tmp/fstab",
    "group": "root",
    "md5sum": "fe9304aa7b683f58609ec7d3ee9eea2f",
    "mode": "0700",
    "owner": "root",
    "size": 637,
    "src": "/root/.ansible/tmp/ansible-1374060150.96-77605185106940/
```

```
source",
  "state": "file"
}
```

관리 장비에서 임의의 커맨드를 실행할 수 있는 command라 불리는 모듈도 있다. 해당 모듈은 미리 준비된 설치 프로그램이나 자신이 작성한 스크립트로서 임의의 커맨드와 함께 사용하여 설정할 수 있다. 또한 장비를 재시작할 때 유용하다. 해당 모듈은 셸shell 내에서 커맨드를 실행하지 않기 때문에 리다이렉션Redirection을 수행할 수 없고, 파이프를 실행할 수 없으며 셸 변수 또는 백그라운드 커맨드를 확장할 수 없다.

앤시블 모듈이 필요로 하지 않는다면 앤시블 모듈은 변경을 하지 않도록 힘을 쓴다. 이를 멱등성이라고 부르며, 훨씬 빠르게 여러 서버에 대한 실행 커맨드를 만들 수 있다. 불행히도 앤시블은 커맨드가 무엇을 변경했는지 안 했는지 알 수 없기 때문에 좀 더 멱등성을 유지할 수 있도록 도움을 주어야 한다. creates 또는 removes 인수를 통해 멱등성을 줄 수 있다. 만약 creates 인수를 준다면 파일 이름이 존재하는 이상 커맨드는 실행되지 않을 것이다. 반대로 removes 인수도 해당 파일 이름이 존재한다면 커맨드는 실행될 것이다.

다음과 같이 커맨드를 실행한다.

```
$ ansible machinename -m command -a 'rm -rf /tmp/testing removes=/
tmp/testing'
```

/tmp/testing 이름을 가진 디렉토리나 파일이 없으면 커맨드 결과는 다음처럼 skipped라 알려준다.

```
machinename | skipped
```

반면, 해당 파일이 존재했다면 다음 결과를 볼 수 있다.

```
ansibletest | success | rc=0 >>
```

보통 command 모듈의 자리에 다른 모듈을 쓰는 것이 좋다. 다른 모듈은 더 많은 옵션을 제공하며 모듈이 작동하는 문제 도메인을 더 좋게 수집할 수 있다. 예를 들면, state가 absent로 설정된 경우 file 모듈이 재귀적으로 무엇인가를 삭제할 것이기 때문에 해당 상황에서는 앤시블과, 또한 설정을 작성하는 사람을 위해 file 모듈을 사용하는 것이 훨씬 적은 작업이 될 것이다. 그래서 해당 커맨드는 다음의 커맨드를 사용하는 것과 동일할 것이다.

```
$ ansible machinename -m file -a 'path=/tmp/testing state=absent'
```

커맨드를 실행하는 동안 셸에서 일반적으로 이용할 수 있는 기능이 필요한 경우에는 셸 모듈을 필요로 하게 될 것이다. 해당 방법은 리다이렉션, 파이프 또는 백그라운드 작업을 사용할 수 있다. 또한 실행 가능한 인수와 함께 쓸 수 있는 셸을 선택할 수 있다. 그러나 코드를 작성하는 경우 creates 인수는 사용할 수 있지만, removes 인수를 지원하지 않는다. 다음과 같이 shell 모듈을 사용할 수 있다.

```
$ ansible machinename -m shell -a '/opt/fancyapp/bin/installer.sh > /
var/log/fancyappinstall.log creates=/var/log/fancyappinstall.log'
```

모듈 도움말

불행하게도, 앤시블에서는 사용 가능한 모든 모듈을 포함할 수 있는 충분한 공간이 없다. 그러나 다행히도 앤시블은 도움말 정보를 검색할 수 있는 ansible-doc이라는 커맨드가 포함되어 있다. 앤시블에 포함된 모든 모듈은 풍부한 정보를 가지고 있지만 다른 곳에서부터 수집한 모듈 정보로는 도움이 부족할 수 있다. ansible-doc 커맨드는 사용 가능한 모든 모듈의 목록을 볼 수 있다.

각 유형의 간단한 설명과 함께 사용 가능한 모든 모듈의 목록을 얻으려면 다음 커맨드를 사용한다.

```
$ ansible-doc -l
```

특정 모듈에 대한 도움말 파일을 보려면 ansible-doc에 하나의 인수를 제공한다. 예를 들어, file 모듈에 대한 도움말 정보를 보려면 다음 커맨드를 사용한다.

```
$ ansible-doc file
```

정리

이 장에서는 선택할 수 있는 앤시블 설치 타입, 설치하는 방법, 여러분의 환경을 반영할 수 있는 인벤토리 파일을 구축하는 방법을 다뤘다. 또한 간단한 태스크에 대해서 애드혹^{ad hoc} 방식으로 앤시블 모듈을 사용하는 방법을 살펴봤다. 마지막으로 장비에서 어떤 모듈을 사용할 수 있는지 아는 방법과 해당 모듈을 사용하는 명령어를 얻는 커맨드라인 사용 방법을 알아봤다.

2장에서는 플레이북 안에 많은 모듈을 함께 사용하는 방법을 배우게 될 것이다. 이 방법으로 여러분은 단 하나의 모듈로 수행할 수 있는 것보다 더 복잡한 태스크를 수행할 수 있을 것이다.

2
간단한 플레이북

앤시블은 작은 변화를 만드는 데 유용한 커맨드라인 도구다. 하지만, 앤시블의 진정한 능력은 스크립팅 능력에 있다. 장비를 설치하는 동안 한 번에 하나이상의 스크립트를 실행할 필요가 있다. 앤시블은 플레이북 도구를 이용함으로써 한 번에 하나 이상의 작업을 하는 기능을 제공한다. 플레이북을 사용할 때, 한 번에 수많은 장비에 수많은 액션을 수행할 수 있다. 플레이북은 배포를 조정할 수 있는 방법, 일관성 있는 설정을 보장하거나 간단히 공통 작업을 수행하는 방법을 제공한다.

플레이북은 대부분을 야믈^{YAML} 파일에서 표현되고, 앤시블은 표준 야믈 파서^{parser}를 사용한다. 여러분이 플레이북을 작성할 때 야믈의 모든 기능을 사용할 수 있음을 의미한다. 예를 들어, 야믈에서 하려는 것처럼 주석 시스템을 사용할 수 있다. 또한 플레이북의 많은 줄에서 야믈 데이터 타입으로 표현하거나 작성할 수 있다. 더 많은 정보를 얻으려면 http://www.yaml.org/을 참고하도록 한다.

플레이북은 또한 많은 기회를 열어두었다. 플레이북은 하나의 커맨드에서 다음 커맨드까지 상태를 전달할 수 있다. 예를 들어, 한 장비에서 특정 파일의 내용을 수집하고 수집한 내용을 변수로 등록할 수 있으며, 다른 장비에서 해당 변수를 사용할 수 있다. 앤시블 명령만으로 불가능한 복잡한 배포 메커니즘을 만들 수 있다. 게다가 각 모듈은 멱등성을 주려고 노력하기 때문에 플레이북을 여러 번 실행할 수 있어야 하며, 변경은 앤시블 모듈 변경이 당연히 되어야 할 때에만 이루어져야 한다.

플레이북을 실행하는 커맨드는 ansible-playbook이다. 해당 커맨드는 앤시블 커맨드라인 도구와 비슷하게 인수를 받는다. 예를 들어, -k(--ask-pass)와 -K(--ask-sudo)는 각각 SSH 연결과 sudo 패스워드에 대한 프롬프트를 생성하며 -u는 SSH 연결에 사용하는 사용자를 설정하는 데 사용한다. 하지만, 해당 옵션들은 타깃 부분의 플레이북에서도 설정될 수 있다. 예를 들어 example-play.yml이라는 플레이를 사용하기 위해서는 다음 커맨드를 사용할 수 있다.

```
$ ansible-playbook example-play.yml
```

앤시블의 플레이북은 하나 이상의 플레이로 구성한다. 하나의 플레이는 3개의 부분인 타깃 부분, 변수 부분, 마지막으로 모든 현실의 작업을 수행하는 코드인 태스크 부분으로 구성한다. 한 야믈 파일에 원하는 수만큼 많은 플레이를 포함할 수 있다.

- 타깃 부분은 플레이가 실행될 장비와 어떻게 플레이가 실행될 것인지 정의한다. 해당 부분에 SSH 사용자 이름과 다른 SSH와 관계된 설정을 지정한다.

- 변수 부분은 플레이에서 실행할 때 쓰일 사용 가능한 변수를 정의한다.

- 태스크 부분은 앤시블을 이용하여 실행하고 싶은 모든 모듈을 순서대로 열거한다.

앤시블 플레이의 전체 예문은 다음 코드 조각과 같다.

```
---
- hosts: localhost
  user: root
  vars:
    motd_warning: 'WARNING: Use by ACME Employees ONLY'
  tasks:
    - name: setup a MOTD
      copy: dest=/etc/motd content={{ motd_warning }}
```

타깃 부분

타깃 부분은 다음 코드 조각과 같다.

```
- hosts: webservers
  user: root
```

예제는 믿을 수 없을 정도로 간단한 버전이지만 대부분의 경우에 여러분이
필요로 하는 모든 것일 가능성이 높다. 각 플레이는 하나의 목록에 존재한다.
야믈 문법에 따라, 줄의 처음은 대시로 시작해야 한다. 플레이가 실행될 장비
는 hosts의 값으로 설정되어야 한다. 장비 값은 1장에서 다루었던 앤시블 커
맨드라인을 사용하여 장비를 선택할 때와 같이 동일한 문법을 사용한다. 앤
시블의 장비 패턴을 매칭하는 기능 역시 1장에서 다루었다. 해당 줄 다음에는
사용자가 앤시블 플레이북에 장비에 연결할 사용자가 누구인지를 알린다.

타깃 부분에서 제공할 수 있는 그 밖의 줄의 내용은 다음과 같다.

이름	설명
sudo	플레이에서 장비로 연결이 되면, root가 되기 위해 앤시블에 sudo 사용을 원한다면 yes라 설정한다.
user	sudo 설정을 했다면, sudo를 실행하기 전에 장비에 연결할 본래 사용자 이름을 정의한다.
sudo_user	앤시블이 sudo 사용을 시도하여 되려는 사용자이다. 예를 들어 sudo에 yes를, user에 daniel을 설정한다면, sudo_user를 kate로 설정하는 것은 daniel에서 kate로 한 번 로그인하여 앤시블에게 sudo를 사용할 수 있게 한다는 것이다. 만약 대화형 SSH 세션에 해당 작업을 한다면 daniel로 로그인한 후 sudo –u kate를 사용할 것이다.
connection	connection은 원격 장비에 연결하기 위해 사용할 수 있는 전송 방법을 앤시블에 알린다. 원격 장비에 ssh 또는 파라미코(paramiko)를 대부분 사용할 수 있다. 하지만, localhost에 실행할 때는 연결 오버헤드를 줄이기 위해서 local을 사용할 수도 있다. 대부분 local 또는 ssh를 사용하고 있을 것이다.
gather_facts	만약 앤시블에 gather_facts를 실행하지 않기로 설정하지 않으면, 앤시블은 자동으로 원격 장비에 setup 모듈을 실행할 것이다. setup 모듈에서 얻은 변수가 필요하지 않다면, 해당 값을 바로 설정하여 시간을 절약할 수 있다.

변수 부분

변수 부분에서 모든 장비에 사용할 전체 플레이에 적용하는 변수를 정의할 수 있다. 변수가 커맨드라인에 제공되지 않았더라면, 변수를 얻기 위해 앤시블 프롬프트를 생성할 수도 있을 것이다. 변수 부분은 유지보수를 쉽게 할 수 있는 플레이를 만들 수 있으며, 플레이의 여러 부분에서 동일한 변수의 변경을 막을 수 있다. 또한 변수 부분은 플레이의 나머지 부분이 무엇을 하는지에 대한 걱정 없이 변수를 쉽게 읽게 하고 수정할 수 있도록 최상단에 위치하며, 플레이를 위한 저장된 모든 설정이 있다.

플레이 변수 부분의 변수는 모듈에 의해서 설정되는 장비 팩트에 의해 오버라이드될 수 있으나, 인벤토리에서 설정한 팩트가 오버라이드될 수 있다. 그래서 변수는 뒤에서 쓸 모듈에서 수집할 수 있는 기본 값을 정의하는 데 유용하지만, 인벤토리 변수가 해당 변수의 기본 값을 오버라이드하기 때문에 기본 값을 유지하는 데 사용될 수 없다.

vars로 불리우는 변수 선언부에는 타깃 부분에서 값처럼 보일 수 있으며, 야믈 디렉토리 또는 목록을 포함한다. 예제는 다음 코드 조각과 같다.

```
vars:
  apache_version: 2.6
  motd_warning: 'WARNING: Use by ACME Employees ONLY'
  testserver: yes
```

변수는 로드될 변수 파일의 목록을 앤시블에 제공함으로써 외부 야믈 파일에서도 읽어들일 수 있다. vars_files 지시자를 사용하여 비슷한 방법으로 이루어진다. 사전을 포함하는 다른 야믈 파일의 이름을 제공한다. 같은 파일에 변수를 저장하는 대신, 플레이북을 다른 사용자들에게 공유 별도로 저장되고 분산 될 수 있다는 것을 의미한다.

vars를 사용할 때 플레이북의 파일들은 다음 코드 조각과 같다.

```
vars_files:
  /conf/country-AU.yml
  /conf/datacenter-SYD.yml
  /conf/cluster-mysql.yml
```

앞의 예제에서 앤시블은 conf 폴더 밑에 country-AU.yml, datacenter-SYD.yml, cluster-mysql.yml을 찾는다. 각 야믈 파일은 다음 코드 조각과 유사하게 보인다.

```
---
ntp: 'ntp1.au.example.com'
TZ: 'Australia/Sydney'
```

마지막으로 앤시블에 대화형으로 사용자에게 각 변수를 요청할 수 있다. 해당 방법은 자동화를 위해 필요한 변수를 만들고 싶지 않고, 대신 사람의 입력을 필요로 하는 변수가 있을 때 유용하다. 해당 방법은 HTTPS 서버에 비밀 키를 해독하기 위해 쓰이는 암호를 입력할 때 유용하다.

앤시블에 다음 코드 조각과 같이 변수를 입력할 수 있다.

```
vars_prompt:
  - name: 'https_passphrase'
    prompt: 'Key Passphrase'
    private: yes
```

앞의 예제에서 https_passphrase는 입력된 데이터가 저장될 곳이다. 사용자는 Key Passphrase로 입력할 것이며, private를 yes로 지정해서 사용자가 입력할 때 암호 값은 스크린으로 출력되지 않는다.

변수, 팩트, 인벤토리 변수를 {{ variablename }}, ${variablename}, 또는 간단하게 $variablename을 써서 도움을 받아 사용할 수 있다. 사전이나 점 표기법과 같은 복잡한 변수도 참조할 수 있다. 예를 들어 httpd 변수가 maxclients라는 키를 가지고 있을 때 {{ httpd.maxclients }}로 접근될 것이다. setup 모듈으로부터도 역시 팩트와 함께 사용한다. 예를 들어 {{ ansible_eth0.ipv4.address }}를 사용하여 eth0으로 불리우는 망 인터페이스의 IPv4의 주소를 얻을 수 있다.

변수 부분에서 설정된 변수는 같은 플레이북의 서로 다른 플레이 사이에서는 살아 있지 않는다. 하지만, setup 모듈에 의해 수집된 팩트 또는 set_fact

에 의해 설정된 팩트는 살아 있다. 여러분이 같은 장비에 두 번째 플레이를 실행하고 있거나 해당 플레이 전에 실행한 플레이 장비의 부분 집합을 실행한다면, 타깃 부분의 gather_facts를 false로 설정할 수 있다는 것을 의미한다. setup 모듈은 실행하는 데 시간이 조금 소요될 수 있으며, 특별히 serial을 낮은 값으로 설정한 플레이에서는 setup 모듈이 극적으로 속도가 빨라질 수 있다.

태스크 부분

태스크 부분은 각 플레이의 마지막 부분이다. 태스크 부분에는 수행되길 원하는 순서대로 앤시블이 수행할 액션 목록이 포함되어 있다. 각 모듈의 설정을 대표할 수 있는 여러 가지 방법이 있다. 가능한 많이 하나의 모듈에 계속 붙잡고 시도하다가 필요하다면 다른 모듈을 사용하기를 제안한다. 이렇게 하는 이유는 플레이북을 읽고 유지보수하는 것을 쉽게 하기 위함이다. 다음 코드 조각은 태스크 부분이 모두 3개의 방식으로 보이는 것을 나타낸다.

```
tasks:
  - name: install apache
    action: yum name=httpd state=installed

  - name: configure apache
    copy: src=files/httpd.conf dest=/etc/httpd/conf/httpd.conf

  - name: restart apache
    service:
      name: httpd
      state: restarted
```

예제에서 센트OS 장비의 아파치 웹 서버를 설치, 설정, 시작하기 위해 쓰여지는 3개의 다른 방식을 본다. 첫 번째 태스크는 액션 키의 첫 번째 키워드로서 모듈의 호출을 요구하며 원래의 문법을 이용한 아파치 설치 방법을 보여준다. 두 번째 태스크는 태스크의 두 번째 방식을 이용하여 아파치의 설정 파일을 특정 장소에 복사한다. 해당 방식으로 액션 키워드가 위치한 자리에 모듈 이름을 사용하고 액션의 값이 모듈의 인수로 쉽게 되게 한다. 앤시블 작성자가 추천하는 해당 양식 중 하나이다. 마지막으로 마지막 태스크, 세 번째 방식은 아파치를 재시작하기 위한 service 모듈 사용 방법을 보여준다. 해당 방식으로 평상시처럼 모듈의 이름을 키로 사용하지만, 야믈 사전처럼 인수도 제공한다. 하나의 모듈이 많은 인수를 제공하고 있거나 해당 모듈이 Cloud Formation 모듈과 같이 복잡한 양식에서 인수를 원한다면 해당 방식은 유용하게 사용할 수 있다.

태스크에서는 이름이 꼭 필요하지 않다는 것을 기억하라. 하지만, 이름은 좋은 문서를 만들고 필요할 때 뒤에 나올 각 태스크에서 언급할 수 있다. 해당 방법은 핸들러를 알게 되면 특별히 유용할 것이다. 플레이북이 실행될 때 콘솔에 이름이 같이 출력될 것이고, 그래서 사용자는 어떤 일이 일어났는지 알릴 수 있다. 만약 여러분이 이름을 제공하지 않는다면, 앤시블은 태스크 또는 핸들러 부분의 액션이 있는 줄을 사용할 것이다.

 설정 관리 도구와 달리 앤시블은 모든 기능을 가진 의존 시스템을 제공하지 않는다. 이는 축복이자 저주이다. 만약 모든 기능을 가진 의존 시스템을 갖추고 있다면, 특정 장비에 어떤 변경 사항이 적용될지 전혀 확신하지 못하는 부분까지도 알 수 있을 것이다. 하지만 앤시블은 순차대로 작성되어 변경이 실행될 것이라는 것을 보장한다. 그래서 한 모듈이 실행하기 전에 실행될 다른 모듈을 의존하고 있다면, 플레이에서 해당 모듈을 다른 모듈 앞에 간단히 배치한다.

핸들러 부분

핸들러 부분은 구문상으로는 태스크 부분과 같으며 모듈을 호출하기 위한 동일한 형식을 지원한다. 핸들러 부분의 모듈은 태스크에 의해 호출하지 않으면 실행되지 않는다. 태스크가 뭔가를 변경했던 레코드에서 태스크가 호출될 때만 핸들러가 호출된다. 태스크의 이름에 설정할 값을 단순히 태스크의 알림 키로 추가한다.

핸들러는 앤시블이 해당 태스크 리스트의 실행이 종료되었을 때 실행된다. 핸들러는 핸들러 부분에 열거된 순서대로 실행되며, 만약 태스크 부분에서 여러 번 실행된다 하더라도 단 한 번 실행할 것이다. 핸들러가 업그레이드 또는 설정되면 종종 데몬을 재시작하기 위해서 사용된다. ISC DHCP 서버를 최신 버전으로 업그레이드하고, 설정하고 부팅 시 시작하도록 하는 방법을 다음 예제에서 소개한다. ISC DHCP 데몬이 이미 최신 버전으로 실행 중인 서버를 플레이북이 실행 중이고 관련 설정 파일이 변경되지 않으면, 핸들러는 호출되지 않고 DHCP는 재시작되지 않을 것이다.

```
---
- hosts: dhcp
  tasks:
  - name: update to latest DHCP
    action: yum name=dhcp state=latest
    notify: restart dhcp

  - name: copy the DHCP config
    action: copy src=dhcp/dhcpd.conf dest=/etc/dhcp/dhcpd.conf
    notify: restart dhcp

  - name: start DHCP at boot
```

```
  action: service name=dhcpd state=started enabled=yes


handlers:
- name: restart dhcp
  action: service name=dhcpd state=restarted
```

각 핸들러는 단 하나의 모듈이 될 수 있으나, 한 태스크에서 여러 핸들러 목록으로 알릴 수 있다. 해당 태스크 목록의 한 단계에서 많은 핸들러를 작동시킨다. 예를 들어, Django 응용 프로그램의 새로운 버전을 체크아웃해야 한다면, 데이터베이스를 이동하거나 정적 파일을 배포하고 아파치를 재시작할 핸들러를 설정해야 할 것이다. 핸들러를 간단히 야믈 목록에 notify 액션을 사용하여 해당 작업을 할 수 있다. 해당 작업은 다음 코드 조각과 같이 보일 것이다.

```
---
- hosts: qroud
  tasks:
  - name: checkout Qroud
    action: git repo=git@github.com:smarthall/Qroud.git dest=/opt/
      apps/Qroud force=no
    notify:
      - migrate db
      - generate static
      - restart httpd


  handlers:
  - name: migrate db
    action: command chdir=/opt/apps/Qroud ./manage.py migrate -all

  - name: generate static
```

```
    action: command chdir=/opt/apps/Qroud ./manage.py collectstatic
        -c -noinput

  - name: restart httpd
    action: service name=httpd state=restarted
```

여러 개의 공개된 깃허브^{GitHub} 코드를 체크아웃하는 데 사용되는 깃^{git} 모듈을 볼 수 있는데, 무엇인가가 변경되면, `migrate db`, `generate static`, `restart httpd` 액션이 작동된다.

플레이북 모듈

플레이북에서 모듈^{playbook module}을 사용하는 것은 커맨드라인에서 모듈을 사용하는 것과 조금 다르다. 주로 다른 이유는 앞에 소개된 모듈과 setup 모듈에서 사용 가능한 많은 팩트를 가지고 있기 때문이다. 특정 모듈은 해당 모듈의 변수로의 접근이 필요하기에 앤시블 커맨드에서 동작하지 않는다. 다른 모듈은 커맨드라인 버전에서 작동할 수 있으나, 플레이북에서 해당 모듈이 사용될 때 확장된 기능을 제공할 수 있다.

template 모듈

앤시블에 팩트를 요구하며 사용 빈도가 높은 모듈의 예제 중 하나는 template 모듈이다. 해당 모듈을 사용하면 설정 파일의 개요를 디자인할 수 있고 적절한 위치에 값을 입력할 수 있다. 실제로 진자2^{Jinja2} 템플릿은 template 모듈보다 훨씬 복잡할 수 있고, 조건절, 루프, 매크로^{macro}와 같은 것을 포함할 수 있다. 다음은 BIND 설정을 위한 진자2 설정 파일의 예제이다.

```
# {{ ansible_managed }}
options {
  listen-on port 53 {
    127.0.0.1;
    {% for ip in ansible_all_ipv4_addresses %}
      {{ ip }};
    {% endfor %}
  };
  listen-on-v6 port 53 { ::1; };
  directory        "/var/named";
  dump-file        "/var/named/data/cache_dump.db";
  statistics-file "/var/named/data/named_stats.txt";
  memstatistics-file "/var/named/data/named_mem_stats.txt";
};

zone "." IN {
  type hint;
  file "named.ca";
};

include "/etc/named.rfc1912.zones";
include "/etc/named.root.key";

{# Variables for zone config #}
{% if 'authorativenames' in group_names %}
  {% set zone_type = 'master' %}
  {% set zone_dir = 'data' %}
{% else %}
  {% set zone_type = 'slave' %}
  {% set zone_dir = 'slaves' %}
```

```
{% endif %}

zone "internal.example.com" IN {
  type {{ zone_type }};
  file "{{ zone_dir }}/internal.example.com";
  {% if 'authorativenames' not in group_names %}
    masters { 192.168.2.2; };
  {% endif %}
};
```

첫 줄은 단순히 해당 파일, 장비, 템플릿의 수정 시간과 사용자가 어느 템플릿에서 왔는지 보여주는 주석을 설치한다. 템플릿의 어딘가에 주석 내용을 두는 것은 좋은 습관이며, 영구적으로 주석을 수정하기를 원할 때 사람들이 무엇을 고쳐야 할지를 알려준다. 다섯 번째 줄에서는 for 루프가 있다. 해당 루프는 리스트의 각 요소를 한 번씩 선택해서 전체 리스트의 요소들을 살핀다. for 루프는 선택사항으로 선택한 변수에 요소를 할당하여 루프에서 해당 변수를 사용할 수 있다. for 루프는 장비의 모든 IPv4 주소를 포함한 setup 모듈에서 얻어온 목록 정보인 ansible_all_ipv4_adresses의 모든 값을 반복한다. for 루프 안에서 해당 루프의 각 요소를 BIND가 해당 네트워크 인터페이스로 수신을 확실히 할 설정으로 간단히 추가한다.

앞 코드 조각의 24번째 줄은 주석이 있다. {#과 #} 사이의 무엇이든 진자2 템플릿 처리기에 의해 간단히 무시된다. 템플릿에 주석을 추가하지만 최종 파일로는 만들어지지 않는다. 만약 무엇인가 복잡한 것을 하고 있거나, 템플릿에서 변수를 설정하고 있거나, 설정 파일에 주석을 허용하지 않을 때에 특히 유용하다.

바로 다음 줄에서 if 문을 볼 수 있다. if 태그의 해당 문이 거짓이면 {% if %}과 {% endif %} 사이의 무엇이든 무시된다. authorativenames 값이 해당 장비에 적용하는 그룹 이름 목록에 있는 값인지 확인한다. 만약 authoriavtivenames 값이 true이면, 바로 다음 두 줄의 내용은 두 개의 사용자 정의 값을 설정한다. zone_type은 master로 zone_dir는 data로 설정된다. 해당 장비에 authoriavtivenames 그룹에 있는 장비가 아니면, zone_type과 zone_dir은 각각 slave와 slaves으로 설정될 것이다.

33번째 줄에서 해당 zone의 설정을 시작한다. 앞서 우리가 생성한 변수의 타입과 zone_dir에 위치를 설정했다. 마지막으로 장비가 authoriavtivenames 그룹에 있는지는 다시 확인하고, 해당 그룹에 없다면 특정 IP 주소를 master로 설정한다.

authorative 네임 서버를 설치하기 위한 이 템플릿을 얻기 위해서는 authoriavtivenames 이름을 가진 인벤토리 파일에 특정 그룹을 생성해야 하고 해당 그룹 밑에 여러 장비를 추가해야 한다. 어떻게 해야 할지는 이미 1장, '앤시블 시작'에서 다뤘다.

단순히 template 모듈을 호출할 수 있고, 장비가 있는 그룹을 포함하여 장비에서 얻은 팩트가 전송될 것이다. template 모듈은 다른 모듈을 호출하는 것만큼 쉽다. template 모듈도 copy 모듈의 owner, group, mode와 같은 인수를 받는다.

```
---
- name: Setup BIND
  host: allnames
  tasks:
  - name: configure BIND
    template: src=templates/named.conf.j2 dest=/etc/named.conf
       owner=root group=named mode=0640
```

48

set_fact 모듈

set_fact 모듈을 사용하면 앤시블 플레이 내부의 장비에 자신의 팩트를 구축할 수 있다. 해당 팩트는 템플릿에서 또는 플레이북의 변수로서 사용될 수 있다. 팩트는 setup 모듈처럼 모듈에서 생겨난 인수처럼 행동하며, 플레이북에서 장비당 기반으로 동작한다. 템플릿에 복잡한 로직을 두는 것을 피하기 위해 set_fact 모듈을 써야 한다. 예를 들어 RAM의 특정 퍼센티지를 얻기 위해 버퍼를 설정하려고 한다면 플레이북에 특정 값을 계산해야 한다.

다음 예제는 장비에 사용 가능한 전체 RAM의 약 반 정도의 크기를 InnoDB의 버퍼 크기로 하는 MySQL 서버를 설정하는 set_fact를 이용한 방법을 보여준다.

```
---     #1
- name: Configure MySQL     #2
  hosts: mysqlservers     #3
  tasks:     #4
  - name: install MySql     #5
    yum: name=mysql-server state=installed     #6

  - name: Calculate InnoDB buffer pool size     #7
    set_fact: innodb_buffer_pool_size_mb="{{ ansible_memtotal_mb / 2
      }}"     #8
  - name: Configure MySQL     #9
    template: src=templates/my.cnf.j2 dest=/etc/my.cnf owner=root
      group=root mode=0644     #10
    notify: restart mysql     #11

  - name: Start MySQL     #12
    service: name=mysqld state=started enabled=yes     #13
```

```
handlers:        #14
 - name: restart mysql        #15
    service: name=mysqld state=restarted        #16
```

예제에서 첫 번째 태스크는 MySQL을 yum을 이용해 간단히 설치한다. 두 번째 태스크는 관리 장비의 전체 메모리를 얻고, 2로 나누고, 비정수 나머지값은 포기하고, innodb_buffer_pool_size_mb로 불리는 팩트에 저장함으로서 팩트를 생성한다. 다음 줄은 MySQL을 설정하기 위해 템플릿을 /etc/my.cnf로 로드한다. 마지막으로, MySQL은 시작되고 부팅 시 시작하도록 설정된다. 핸들러도 MySQL 설정이 변경되면 MySQL이 재시작할 수 있도록 포함된다.

그리고 템플릿은 오직 innodb_buffer_pool_size의 값을 얻고, 설정으로 해당 변수를 위치하도록 한다. 이것은 버퍼 풀buffer pool이 RAM의 5분의 1, 또는 8분의 1이 되어야 하거나 간단히 여러 장비를 위해 플레이북을 변경하는 여러 장소에서 같은 템플릿을 재사용할 수 있다는 것을 의미한다. 이 경우에는 템플릿은 다음 코드 조각과 같이 보일 것이다.

```
# {{ ansible_managed }}
[mysqld]
datadir=/var/lib/mysql
socket=/var/lib/mysql/mysql.sock
# Disabling symbolic-links is recommended to prevent assorted security
  risks
symbolic-links=0
# Settings user and group are ignored when systemd is used.
# If you need to run mysqld under a different user or group,
# customize your systemd unit file for mysqld according to the
# instructions in http://fedoraproject.org/wiki/Systemd

# Configure the buffer pool
```

```
innodb_buffer_pool_size = {{ innodb_buffer_pool_size_mb|default(128)
   }}M

[mysqld_safe]
log-error=/var/log/mysqld.log
pid-file=/var/run/mysqld/mysqld.pid
```

전 템플릿에서 innodb_buffer_pool_size_mb를 볼 수 있으며 플레이로부
터 얻은 해당 변수를 간단히 템플릿으로 넘겨주고 있다. 템플릿이 innodb_
buffer_pool_size_mb 팩트를 보지 못한다면, 기본 값인 128을 간단히 사
용한다.

pause 모듈

pause 모듈은 일정 기간 동안 플레이북의 실행을 멈춘다. 특정 시간동안 기다
리도록 설정할 수 있거나, 계속 진행하기 위해 사용자에게 프롬프트를 생성할
수 있다. 앤시블 커맨드라인에서 사용될 때는 실질적으로 쓸모가 없는 반면,
플레이북에서 사용될 때는 매우 유용할 수 있다.

일반적으로 사용자에게 계속하기 위해 확인을 제공할 때 또는 특정 시점에
서 수동 개입이 필요한 경우에 pause 모듈은 사용된다. 예를 들어, 서버에 새
로운 웹 애플리케이션을 배포하고, 상용 서버의 트래픽을 받을 수 있도록 플
레이를 설정하기 전에 정상으로 보이는지 확실하게 하기 위해 사용자가 수동
으로 체크하도록 할 필요가 있을 때, pause를 사용할 수 있다. 일어날 수 있
는 문제를 사용자에게 경고하고, 사용자가 계속 진행할 수 있도록 옵션을 주
는 것도 유용하다. pause 모듈은 앤시블에 서버의 이름을 출력할 수 있게 하
고, 계속하려면 엔터키를 누르라는 요청을 사용자에게 한다. 타깃 부분에서

serial 키와 함께 사용하면, 앤시블이 실행할 장비가 포함된 각 그룹에 대해 한 번씩 요청할 것이다. 해당 방법은 사용자가 대화형으로 진행 과정을 모니터링하는 사이에 사용자만의 속도로 배포를 실행하는 유연성을 사용자에게 제공할 수 있다.

덜 쓰이고 있지만, pause 모듈은 간단히 지정된 시간을 기다릴 수 있다. 특정 액션이 얼마나 오래 걸리는지 모를 때에는 pause 모듈은 유용하지 않을 수 있고, 특정 액션이 얼마나 걸릴지 추측하는 것은 최악의 결과를 가져올 수 있다. 실행한 네트워크 데몬을 기다리기 위해서 pause 모듈을 사용하는 것 대신 다음 절에서 설명할 wait_for 모듈을 사용해야 한다. 다음의 플레이는 사용자 대화형 모드에서 pause 모듈을 처음 사용하는 것과 시간 모드에서 사용하는 것을 보여준다.

```
---
- hosts: localhost
  tasks:
  - name: wait on user input
    pause: prompt="Warning! Detected slight issue. ENTER to continue
        CTRL-C a to quit."

  - name: timed wait
    pause: seconds=30
```

wait_for 모듈

wait_for 모듈은 특정 TCP 포트를 폴링[poll]하는 데 사용되며, 해당 포트가 원격 연결을 수락할 때까지 계속되지 않는다. 폴링은 원격 장비에서 이루어진다. 만약 하나의 포트만 제공하거나 또는 localhost라는 장비 인수를 설정한다면, 폴링은 관리 장비로의 연결을 시도할 것이다. 컨트롤러 장비에서 커맨드를 실행하기 위해 local_action을 이용할 수 있으며, 컨트롤러 장비에서 관리 장비에 연결과 해당 연결을 시도하기 위해 장비 인수로서 ansible_hostname 변수를 이용할 수 있다.

wait_for 모듈은 특별히 시작할 때 시간이 걸리는 데몬 또는 백그라운드에서 동작하기를 원하는 어떤 것에 유용하다. 톰캣의 초기화 스크립트는 포트를 열기 전에 즉시 리턴한다. 톰캣 서비스는 자바 애플리케이션이 시작하기 전에 포트를 오픈한다. 톰캣이 로드하기 위해서 설정되었던 애플리케이션을 의존한다면, 완전히 시작하고 커넥션을 맺기 위해 준비되기 위해서는 2초에서 10분간 걸릴 수 있다. 애플리케이션이 동작할 시작을 맞출 수 있고, pause 모듈을 사용할 수 있다. 하지만, 다음 배포 시간이 오래 또는 짧게 걸릴 수 있어서 배포 메커니즘을 깨뜨릴 수 있다. wait_for 모듈을 사용하면, 앤시블에게 톰캣이 커넥션을 받아들을 준비가 될 때를 알려준. 다음은 지금까지 설명한 내용을 정확하게 동작하는 플레이다.

```
---
- hosts: webapps
  tasks:
  - name: Install Tomcat
    yum: name=tomcat7 state=installed

  - name: Start Tomcat
    service: name=tomcat7 state=started

  - name: Wait for Tomcat to start
    wait_for: port=8080 state=started
```

해당 플레이의 실행이 완료된 후에는 톰캣이 설치, 시작, 요청을 받을 준비가 되어야 한다. 해당 예제에 모듈을 더 추가할 수 있고, 사용 가능하고 리스닝되고 있는 톰캣을 신뢰할 수 있다.

assemble 모듈

assemble 모듈은 관리 장비에서 여러 개의 파일을 결합하고 해당 파일을 관리 장비의 다른 파일로 저장한다. 플레이북에서 include를 허용하지 않거나, include에서 globbing[1]하는 config 파일을 가지고 있을 때 유용하다. root 사용자의 authorized_keys 파일을 쓸 때 유용하다. 다음 플레이는 SSH 공개 키 묶음을 관리 장비로 전송할 것이며 키 모두를 함께 모아서 root 사용자의 홈 디렉토리에 저장한다.

```
---     #1
- hosts: all     #2
  tasks:    #3
  - name: Make a Directory in /opt     #4
    file: path=/opt/sshkeys state=directory owner=root group=root
      mode=0700     #5

  - name: Copy SSH keys over     #6
    copy: src=keys/{{ item }}.pub dest=/opt/sshkeys/{{ item }}.pub
      owner=root group=root mode=0600     #7
    with_items:     #8
      - dan     #9
      - kate     #10
      - mal     #11
```

---

1 globbing은 와일드 카드를 이용한 패턴 매칭을 통해서 얻을 수 있는 함수를 의미- 옮긴이

```
  - name: Make the root users SSH config directory     #12
    file: path=/root/.ssh state=directory owner=root group=root
      mode=0700        #13

  - name: Build the authorized_keys file      #14
    assemble: src=/opt/sshkeys dest=/root/.ssh/authorized_keys
      owner=root group=root mode=0700        #15
```

지금까지의 플레이는 모두 익숙할 것이다. 키를 복사하는 태스크의 with_
items 키와 {{ items }} 변수가 보인다. 해당 키와 변수는 다음 3장, '플레이
북 심화 내용'에서 설명할 예정이지만, 지금 알아야 할 부분은 루프가 동작하
는 방법과 비슷하게 with_items 키에 공급한 모든 요소는 {{ items }} 변수
로 대체된다는 것이다. 해당 방법은 한 번에 많은 파일을 원격 장비로 쉽게 복
사할 수 있도록 한다.

마지막 태스크는 assemble 모듈의 사용을 보여준다. 아웃풋으로 연결되기 위
해 파일을 포함하는 디렉토리를 src 인수로 넘긴 후에 dest를 아웃풋 파일로
넘긴다. 해당 모듈은 파일을 생성하는 다른 모듈처럼 같은 여러 인수(owner,
group, mode)를 받는다. 또한 해당 모듈은 ls -1 커맨드가 파일을 출력하는
것처럼 동일한 순서로 파일을 결합한다. udev와 rc.d처럼 동일한 접근을 사
용할 수 있으며, 올바른 순서로 그친다는 것을 확실하기 위해 파일에 숫자를
붙일 수 있음을 의미한다.

add_host 모듈

add_host 모듈은 플레이북에서 사용 가능한 가장 강력한 모듈 중의 하나이다.
add_host는 동적으로 플레이에서 새로운 장비를 추가할 수 있다. CMDB에서
장비를 얻기 위한 uri 모듈을 사용해서 현재 플레이에 추가하여 add_host 모

듈을 사용할 수 있다. 해당 모듈은 특정 그룹으로 장비를 추가할 수도 있고, 동적으로 그룹이 존재하지 않으면 해당 그룹을 생성할 수 있다.

해당 모듈은 설명이 약간 필요한 간단히 hostname과 group 인수를 받고 hostname과 group을 지정한다. 추가 인수를 보낼 수 있고 인벤토리 파일에서 취급될 추가 값 안에서 동일한 방식으로 취급된다. 여러분이 ansible_ssh_user, ansible_ssh_port 등을 지정할 수 있음을 의미한다.

group_by 모듈

플레이에서 동적으로 장비를 추가할 뿐 아니라 그룹도 생성할 수 있다. group_by 모듈은 장비를 팩트 기반이 되는 그룹으로 만들 수 있으며, 전에 설명된 add_fact 모듈을 이용하여 여러분이 설정한 팩트를 포함하는 그룹을 생성할 수 있다. group_by 모듈은 장비가 추가될 그룹의 이름을 얻는 key라는 인수를 받는다. 변수의 사용과 key를 결합한다면 운영체제, 가상 기술 또는 여러분이 접근하는 뭔가 다른 팩트를 기간으로 하는 그룹에 서버를 추가하는 해당 모듈을 만들 수 있다. 타깃 부분의 템플릿 또는 차후의 플레이에서 해당 그룹을 사용할 수 있다.

그래서 만약 운영체제별로 장비를 구분하는 그룹을 생성하기 원한다면, 다음과 같이 해당 모듈을 호출할 것이다. 다음 예제와 같이 운영체제에 맞는 패키지 관리자를 이용하여 패키지를 설치할 해당 그룹을 사용할 수 있다.

```
---
- name: Create operating system group
  hosts: all
  tasks:
    - group_by: key=os_{{ ansible_distribution }}
```

```
- name: Run on CentOS hosts only
  hosts: os_CentOS
  tasks:
  - name: Install Apache
    yum: name=httpd state=latest


- name: Run on Ubuntu hosts only
  hosts: os_Ubuntu
  tasks:
  - name: Install Apache
    apt: pkg=apache2 state=latest
```

정리

이 장에서 우리는 플레이북 파일에서 사용 가능한 부분을 다뤘다. 플레이북에서 사용될 때 플레이북을 유지보수할 수 있도록 변수를 사용하는 방법, 변경이 일어났을 때 핸들러를 작동시키는 방법, 마지막으로 특정 모듈이 어떻게 더 유용한지를 살펴보았다.

3장에서는 플레이북의 더 복잡한 기능을 주의깊게 살펴볼 것이다. 해당 기능을 알게 되면 전체 시스템을 설정하고 배포할 수 있는 더 복잡한 플레이북을 만들 수 있을 것이다.

3
플레이북 심화 내용

지금까지 우리가 본 플레이북은 간단했고 많은 모듈을 차례대로 실행했다. 앤시블은 플레이북 실행에 대해 더 많은 통제 방법을 제공한다. 다음 소개하는 기법을 사용하면, 여러분은 가장 복잡한 배포를 더욱 잘 수행할 수 있다.

병렬로 작업 실행

앤시블은 기본적으로 프로세스 포크^{fork}를 다섯 번까지만 할 수 있어서, 한 번에 서로 다른 다섯 장비에만 실행을 수행할 것이다. 만약 장비를 많이 가지고 있거나 최대 포크 값을 낮출 수 있다면, 작업의 실행을 비동기적으로 하길 원할 것이다. 앤시블은 비동기적인 작업을 하기 위해 태스크를 시작시키고 완료할 때까지 폴링한다. 앤시블은 해당 방법을 사용하여 필요한 모든 장비에 작업을 시작할 수 있다.

병렬로 작업을 실행하려면 async와 poll 키워드를 사용하라. async 키워드는 앤시블이 병렬로 작업을 실행할 수 있도록 작동시키고, async의 값은 커맨드

가 완료될 때까지 앤시블이 기다려 줄 수 있는 최대 값이 될 것이다. poll의
값은 커맨드가 완료될 때를 점검하기 위해 얼마나 자주 폴링할 것인지를 앤
시블에 알려준다.

전체 장비의 클러스터에 updatedb를 실행하기를 원했다면, 다음과 같이 보일
것이다.

```
- hosts: all
  tasks:
    - name: Install mlocate
      yum: name=mlocate state=installed

    - name: Run updatedb
      command: /usr/bin/updatedb
      async: 300
      poll: 10
```

앞 예제를 다섯 이상 장비에서 실행할 때, yum 모듈이 command 모듈과 다르게
실행한다는 것을 알아차릴 것이다. yum 모듈은 처음 다섯 대의 장비에 실행할
것이고 다음에 다음 다섯 장비, 그리고 차례로 실행될 것이다. 하지만, 커맨드
모듈은 모든 장비에 걸쳐 실행할 것이고 완료되면 완료 상태를 알려줄 것이
다.

커맨드가 마지막으로 특정 포트를 수신하는 데몬을 실행할 때, 폴링 없이 데
몬을 시작할 수 있으며 앤시블은 완료할 때까지 데몬을 체크하지 않는다.
wait_for 모듈을 사용해서 다른 액션과 함께 수행하고 난 후에 완료 체크를
나중에 할 수 있다. 앤시블에서 완료하기 위해 작업을 기다리지 않지 않게 설
정하기 위해서는 poll의 값을 0으로 설정한다.

마지막으로 실행하고 있는 태스크가 실행되는 데 매우 긴 시간이 소요되면,

앤시블에 태스크가 걸리는 시간만큼 작업을 기다리도록 설정할 수 있을 것이다. 해당 작업을 하기 위해서 async 값을 0으로 설정한다.

여러분은 다음 상황에서 앤시블의 폴링을 사용하기를 원할 것이다.

- 타임아웃이 될 수 있는 오래 걸리는 태스크를 가지고 있다.

- 많은 장비에 걸쳐 작업을 실행할 필요가 있다.

- 완료를 기다릴 필요가 없는 작업이 있다.

async 또는 poll을 사용하면 안 되는 몇 가지 상황도 있다.

- 작업을 실행하는 데 다른 작업의 실행을 막는 lock을 얻으려 할 때

- 작업의 실행이 짧은 시간이 소요될 때

루핑

다른 입력으로 모듈을 여러 번 반복하게 할 수 있는데, 예를 들어, 비슷한 퍼미션 셋을 가져야 하는 여러 파일이 있을 때 사용할 수 있다. 해당 방법은 많은 반복을 아낄 수 있고, 팩트와 변수를 반복하도록 허용한다.

해당 방법을 사용하면 액션에 with_items 키를 사용할 수 있고 반복할 요소의 리스트에 값을 지정할 수 있다. with_items는 여러분의 모듈이 반복되는 경우에 차례로 각 요소에 저장할 item이라 부르는 변수를 생성할 것이다. yum과 같은 어떤 모듈은 item을 최적화할 것이라서 각 패키지마다 분리된 트랙잭션을 하는 것 대신, with_item은 한 번에 모든 item 요소를 작동할 것이다.

with_items를 사용한 내용은 다음처럼 보인다.

```
tasks:
 - name: Secure config files
```

```
    file: path=/etc/{{ item }} mode=0600 owner=root group=root
    with_items:
     - my.cnf
     - shadow
     - fstab
```

앤시블이 고정된 요소 또는 변수를 루핑looping하는 것을 추가할 뿐 아니라, lookup 플러그인이라 불리는 것도 사용할 수 있다. 해당 플러그인을 사용하면 앤시블에 외부의 어딘가에서 데이터를 가져올 수 있도록 요청한다. 예를 들면, 특정 패턴에 맞는 모든 파일을 업로드하기 원했을 것이고, 다음에 파일을 업로드했을 것이다.

예를 들면,ㆍ디렉토리의 모든 공개 키를 업로드한 후에 루트 사용자의 authorized_key 파일에 공개 키를 모은다.

```
tasks:       #1
 - name: Make key directory      #2
   file: path=/root/.sshkeys ensure=directory mode=0700
     owner=root group=root       #3

 - name: Upload public keys      #4
   copy: src={{ item }} dest=/root/.sshkeys mode=0600
     owner=root group=root       #5
   with_fileglob:     #6
    - keys/*.pub      #7

 - name: Assemble keys into authorized_keys file      #8
   assemble: src=/root/.sshkeys dest=/root/.ssh/authorized_keys
     mode=0600 owner=root group=root       #9
```

반복 모듈은 다음 상황에서 쓰일 수 있다.

- 비슷한 설정으로 모듈을 많이 반복하기
- 하나의 목록인 팩트의 모든 값을 반복하기
- 하나의 큰 파일로 결합할 assemble 모듈과 함께 나중에 사용할 수 있는 많은 파일을 생성하기 위해 사용하기
- glob 패턴 매칭을 사용 중인 디렉토리를 복사하기 위해 with_fileglob를 사용하기

조건절 실행

copy 모듈과 같은 어떤 모듈은 해당 모듈을 생략할 수 있는 설정을 할 수 있는 메커니즘을 제공한다. 조건의 값이 true로 결정되면, 해당 모듈만 실행할 생략 조건을 설정할 수도 있다. 서버가 다른 패키징 시스템 또는 다른 파일 시스템 레이아웃을 가질 때 유용할 수 있다. 또한 서로 다른 일을 계산해줄 수 있는 set_fact 모듈과 함께 사용될 수 있다.

모듈을 생략하기 위해서 조건을 받는 when 키를 사용할 수 있다. 조건이 false로 결정된다면, 모듈은 생략할 것이다. when에 할당한 값은 파이썬 표현식이다. 당시 시점에 사용 가능한 변수 또는 팩트의 값을 사용할 수 있다.

 조건에 의존하는 요소 안의 몇 개의 요소를 처리하기만 원한다면, when 절을 간단히 사용하라. when 절은 목록의 각 요소 별로 별도로 처리될 것이다. 처리될 요소는 {{ item }}을 사용하는 변수로 사용 가능하다.

다음 코드는 데비안^{Debian}과 레드햇^{Red Hat}, 두 시스템에서 apt와 yum 중의 하나를 선택하는 방법을 보여주는 예제이다.


```
---      #1
- name: Install VIM      #2
  hosts: all      #3
  tasks:      #4
    - name: Install VIM via yum      #5
      yum: name=vim-enhanced state=installed      #6
      when: ansible_os_family == "RedHat"      #7

    - name: Install VIM via apt      #8
      apt: name=vim state=installed      #9
      when: ansible_os_family == "Debian"      #10

    - name: Unexpected OS family      #11
      debug: msg="OS Family {{ ansible_os_family }} is not supported"
        fail=yes      #12
      when: not ansible_os_family == "RedHat" or ansible_os_family ==
        "Debian"      #13
```

해당 기능은 특정 시점에 일시 중지할 수 있도록 쓸 수 있고, 계속 진행하기 위해서 사용자의 개입을 기다릴 수 있다. 보통 앤시블이 에러를 만날 때, 핸들러를 실행하지 않고 앤시블이 하고 있는 것을 간단히 멈출 것이다. 해당 기능과 함께 예기치 않은 상황에서 작동할 수 있는 앤시블의 조건과 함께 pause 모듈을 추가할 수 있다. pause 모듈은 일반적인 상황에서는 무시될 것이나, 예기치 않은 상황에서는 pause 모듈을 사용하기에 안전하다면 사용자가 개입하고 계속 사용할 수 있다. 해당 태스크는 다음처럼 보일 것이다.

```
name: pause for unexpected conditions
pause: prompt="Unexpected OS"
when: ansible_os_family != "RedHat"
```

액션을 생략하는 많은 쓰임이 있는데, 다음과 같은 몇 개의 제안이 있다.

- 운영체제의 차이를 극복하며 작업하기

- 사용자에게 프롬프트를 보여 요청한 액션만 수행하기

- 뭔가를 변경하지 않고 실행하기에 오랜 시간이 소요될 수 있는 모듈을 피해 성능을 개선하기

- 특정한 파일이 존재하는 시스템의 변경을 거절하기

- 사용자가 작성한 스크립트가 이미 실행 중인지 체크하기

태스크 위임

기본적으로 앤시블은 설정된 장비에 한 번에 모든 작업을 실행한다. 설정할 독립된 장비를 아주 많이 가지고 있을 때, 또는 각 장비가 다른 원격 장비에게 상태를 통신하는 책임이 있는 경우에 훌륭하다. 하지만, 앤시블이 수행하고 있는 장비가 아닌 다른 장비에서 액션을 수행할 필요가 있다면, 위임을 사용할 수 있다.

앤시블은 delegate_to 키를 사용하여 설정되고 있는 장비가 아닌 다른 장비에서 태스크를 실행하도록 설정될 수 있다. 해당 모듈은 모든 장비에서 한 번 실행될 수 있지만, 타깃 장비에서 실행하는 것 대신 위임된 장비에서 실행할 수 있다. 위임된 현 장비에서 가능 가능한 팩트가 적용될 것이다. 여기 플레이북에 수많은 웹 서버에서 설정을 다운로드할 수 있는 get_url 옵션을 사용하는 것을 보여준다.

```
---      #1
- name: Fetch configuration from all webservers      #2
  hosts: webservers      #3
```

```
    tasks:      #4
      - name: Get config      #5
        get_url: dest=configs/{{ ansible_hostname }} force=yes
          url=http://{{ ansible_hostname }}/diagnostic/config      #6
        delegate_to: localhost      #7
```

localhost에 위임을 하고 있다면, 로컬 장비를 자동으로 사용하는 액션을 정의할 때 단축키를 사용할 것이다. 액션 줄의 키를 local_action으로 정의한다면, localhost에 위임은 암시가 된다. 앞 예제에서 local_action을 사용했었더라면, 코드는 약간 짧아질 것이고 아래처럼 보일 것이다.

```
---      #1
- name: Fetch configuration from all webservers      #2
  hosts: webservers      #3
  tasks:      #4
    - name: Get config      #5
      local_action: get_url dest=configs/{{ ansible_hostname }}.cfg
        url=http://{{ ansible_hostname }}/diagnostic/config      #6
```

위임은 로컬 장비에 제한되어 있지 않다. 인벤토리의 어떠한 장비에도 위임할 수 있다. 위임을 원할 수 있는 여러 이유는 다음과 같다.

- 배포 전에 로드 밸런서로부터 장비를 제거하기
- 변경하려는 서버에서 트래픽을 빼는 DNS를 변경하기
- 저장 장치의 iSCI 볼륨을 생성하기
- 네트워크 작업 바깥에 접근을 점검할 수 있게 외부 서버를 사용하기

추가 변수

group_names 변수를 2장의 템플릿 예제에서 사용한 것을 보았을 것이다. group_names는 앤시블 자체에서 제공하는 마법 변수 중 하나이다. 글을 쓰는 시점의 앤시블에서는 마법 변수 일곱 개를 제공하고 있으며, 다음 장에서 설명할 것이다.

hostvars 변수

hostvars를 사용하면 현재 플레이가 다뤘던 모든 장비에 대한 변수를 얻어 올 수 있다. setup 모듈이 현재 플레이의 장비에서 아직 실행하지 않는다면, 플레이의 변수만 사용 가능할 것이다. {hostvars.hostname.fact}와 같은 다른 복잡한 변수에 접근할 수 있었던 것처럼 hostvars 변수에 접근할 수 있으며, ns1이라 불리는 서버에서 실행하는 리눅스 배포판을 얻기 위한 hostvars 변수는 ${hostvars.ns1.ansible_distribution}이 될 것이다. 다음 예제는 zone master라는 변수에 ns1이라는 서버에 설정한다. 그 다음에 각 zone의 master를 설정하기 위해 hostvars 변수를 사용할 template 모듈을 호출한다.

```
---     #1
- name: Setup DNS Servers     #2
  hosts: allnameservers     #3
  tasks:     #4
    - name: Install BIND     #5
      yum: name=named state=installed     #6

- name: Setup Slaves     #7
  hosts: slavenameservers     #8
```

```
  tasks:     #9
    - name: Get the masters IP     #10
      set_fact: dns_master="{{ hostvars.ns1.ansible_default_ipv4.
         address }}"     #11


    - name: Configure BIND     #12
      template: dest=/etc/named.conf
          src/templates/named.conf.j2 #13
```

 hostvars를 사용하면, 환경에 템플릿을 더 추상화할 수 있다. 변수의 호출을 중첩한다면, 플레이의 변수 부분의 IP 주소를 위치하는 대신, 장비 이름을 추가할 수 있다. the_machine 변수에 이름이 있는 장비의 주소를 찾기 위해 {{ hostvars.[the_machine].default_ipv4.address }}를 사용할 것이다.

groups 변수

groups 변수는 인벤토리 그룹에 의해 구분짓는 인벤토리의 모든 장비의 목록을 포함한다. 설정한 모든 장비에 접속할 수 있게 한다. 또한 groups 변수는 잠재력 있고 매우 효과적인 도구이다. 해당 변수를 사용하면 현재 장비에 액션을 적용할 모든 장비와 모든 그룹에 반복할 수 있다.

```
---     #1
- name: Configure the database     #2
  hosts: dbservers     #3
  user: root     #4
  tasks:     #5
    - name: Install mysql     #6
      yum: name={{ item }} state=installed     #7
      with_items:     #8
```

```
      - mysql-server      #9
      - MySQL-python      #10


  - name: Start mysql      #11
    service: name=mysqld state=started enabled=true      #12


  - name: Create a user for all app servers      #13
    with_items: groups.appservers      #14
    mysql_user: name=kate password=test host={{ hostvars.[item].
      ansible_eth0.ipv4.address }} state=present      #15
```

 groups 변수는 해당 그룹의 실제 장비를 포함하지 않으며 인벤토리에 이름을 표시하는 문자열을 포함한다. 필요하다면 hostvars 변수를 얻기 위해서 중첩된 변수 확장을 사용해야 한다는 것을 의미한다.

다른 장비의 host 키를 포함하고 있는 모든 장비에 known_hosts 파일을 생성하기 위해 groups 변수를 사용할 수도 있다. known_hosts 파일은 원격 장비로부터의 식별을 확인 없이 다른 장비에서 다른 장비로부터의 SSH를 허락할 것이라는 의미이다. 교체될 때 known_hosts 파일을 변경하거나, 서비스를 하지 않을 때 장비를 제거하는 처리도 한다. 다음은 해당 작업을 하는 known_hosts 파일의 템플릿이다.

```
{% for host in groups['all'] %}
{{ hostvars[host]['ansible_hostname'] }}      {{ hostvars[host]
['ansible_ssh_host_key_rsa_public'] }}
{% endfor %}
```

해당 템플릿을 사용하는 플레이북은 다음과 같을 것이다.

```
---      #1
hosts: all      #2
tasks:      #3
- name: Setup known hosts      #4
  hosts: all      #5
  tasks:      #6
    - name: Create known_hosts      #7
      template: src=templates/known_hosts.j2 dest=/etc/ssh/ssh_known_
        hosts owner=root group=root mode=0644      #8
```

group_names 변수

group_names 변수는 현재 장비가 포함된 모든 그룹의 이름으로 문자열 목록을 포함한다. group_names는 디버깅에 유용할 뿐 아니라 그룹에 속하는지를 감지하는 조건절에도 유용하다. 5장에서 네임 서버를 설치하는 데 쓰였다.

해당 변수는 조건문으로서 템플릿 안에서 또는 태스크를 생략할 때 매우 유용하다. 예를 들어, SSH 데몬이 안전한 그룹에 있는 장비의 안전한 설정을 원했겠지만, SSH 데몬이 하나는 안전하고 다른 하나는 덜 안전한 두 개의 설정 파일을 가지고 있었더라면, 이와 같이 했을 것이다.

```
- name: Setup SSH
  hosts: sshservers
  tasks:
    - name: For secure machines
      set_fact: sshconfig=files/ssh/sshd_config_secure
      when: "'secure' in group_names"

    - name: For non-secure machines
      set_fact: sshconfig=files/ssh/sshd_config_default
```

```
    when: "'secure' not in group_names"

  - name: Copy over the config
    copy: src={{ sshconfig }} dest=/tmp/sshd_config
```

 앞의 예제에서 각 경우마다 팩트를 설정하기 위해 set_fact 모듈을 사용했고, copy 모듈을 사용했다. set_facts 모듈 대신 copy 모듈을 사용할 수도 있었고, 더 적은 태스크를 사용할 수 있었다. 이렇게 한 이유는 set_fact 모듈이 내부에서 실행하고 copy 모듈은 원격으로 실행하기 때문이다. set_facts 모듈을 첫 번째로 사용하고 copy 모듈을 한 번 호출하기만 한다면, 복사는 병렬로 모든 장비에 이루어진다. 두 개의 copy 모듈을 조건절과 함께 사용했다면, 각 copy 모듈은 각각 관련 서버에서 실행할 것이다. copy는 두 개의 좀 더 긴 태스크이기 때문에, 병렬로 실행할 때 많은 이득이 있다.

inventory_hostname 변수

inventory_hostname 변수는 인벤토리에서 저장된 서버의 장비 이름을 저장한다. 현재 장비의 setup 모듈을 실행하기 않기로 선택했더라면 또는 여러 가지 이유로 setup 모듈에 의해 발견된 변수가 올바르지 않다면, inventory_hostname 변수를 써야 한다. 해당 변수는 장비의 초기 설정을 진행하고 장비 이름을 변경하고 있는 경우에 유용하다

inventory_hostname_short 변수

inventory_hostname_short 변수는 앞의 변수와 동일하지만, 첫 번째 점(.)까지의 캐릭터만 포함한다. 그래서 예를 들어 host.example.com이라는 값에 대한 inventory_hostname_short 변수는 host를 리턴할 것이다.

inventory_dir 변수

inventory_dir 변수는 인벤토리 파일을 포함하는 디렉토리의 경로 이름이다.

inventory_file 변수

inventory_file 변수가 파일 이름을 또한 포함한 것을 제외하고는 앞의 예와 같다.

변수로 파일 찾기

모든 모듈에서는 {{과 }}으로 감싸인 변수를 역참조함으로서 모듈 인수의 부분으로 변수를 얻을 수 있다. 예를 들면, 사용하고 있는 아키텍처를 기반으로 NRPE(Nagios 점검 데몬)에 서로 다른 config 파일을 선택할 수 있다.

```
---     #1
- name: Configure NRPE for the right architecture     #2
  hosts: ansibletest     #3
  user: root     #4
  tasks:     #5
    - name: Copy in the correct NRPE config file     #6
      copy: src=files/nrpe.{{ ansible_architecture }}.conf dest=/etc/
        nagios/nrpe.cfg     #7
```

copy와 template 모듈에서 파일 집합을 찾는 앤시블을 설정하여 파일 집합의 첫 번째 요소를 이용하여 파일 집합을 찾는다. 해당 방법은 찾으려 하는 파일을 설정할 수 있도록 한다. 만약 찾으려 하는 파일을 찾지 못한다면 두 번째가 사용될 수 있다, 그리고 파일 목록의 끝까지 도착하게 된다. 파일을 찾지 못한다면, 모듈을 바로 실패할 것이다. 해당 기능은 first_available_file 키를 사용하고 액션에서 {{ item }}을 참조함으로써 작동된다. 다음 코드는 해당 기능의 예제이다.

```
---      #1
- name: Install an Apache config file      #2
  hosts: ansibletest      #3
  user: root      #4
  tasks:      #5
   - name: Get the best match for the machine      #6
     copy: dest=/etc/apache.conf src={{ item }}      #7
     first_available_file:      #8
      - files/apache/{{ ansible_os_family }}-{{ ansible_architecture
        }}.cfg      #9
      - files/apache/default-{{ ansible_architecture }}.cfg      #10
      - files/apache/default.cfg      #11
```

 앤시블 커맨드라인 도구에서 setup 모듈을 실행할 수 있다는 것을 기억하라. 해당 방법은 플레이북이나 템플릿에서 변수를 많이 사용하고 있을 때 편리하다. 특정 플레이에서 어떤 팩트가 사용 가능한지를 확인하기 위해서는 간단히 host line의 값을 복사하여 다음 커맨드를 실행한다.

```
ansible [host line] -m setup
```

센트OS x86_64 장비에서는 해당 설정은 files/apache/ 디렉토리를 탐색하여 RedHat-x86_64.cfg 파일을 첫 번째로 찾을 것이다. 해당 파일이 존재하지 않으면, file/apache/ 디렉토리를 탐색하여 default-x86_64.cfg 파일을 찾을 것이고, 마지막에 아무것도 없으면 default.cfg 파일을 찾아 사용할 것이다.

환경 변수

가끔 유닉스 명령어는 특정 환경 변수를 이용한다. 환경 변수를 이용하는 일반적인 예는 C 메이크 파일, 설치 프로그램, AWS 커맨드라인 도구이다. 운이 좋게도, 앤시블은 환경 변수를 정말 쉽게 사용한다. 만약 원격 장비에서 Amazon S3로 파일을 업로드하려고 한다면, 다음과 같이 Amazon 접근 키를 설정할 수 있다. pip는 AWS 도구를 설치하는 데 사용하는데, EPEL을 설치하여 pip를 설치할 수 있는 것도 볼 수 있을 것이다.

```
---     #1
- name: Upload a remote file via S3     #2
  hosts: ansibletest     #3
  user: root     #4
  tasks:     #5
    - name: Setup EPEL     #6
      command rpm -ivh     #7
        http://download.fedoraproject.org/pub/epel/6/i386/epel-relea
        se-6-8.noarch.rpm creates=/etc/yum.repos.d/epel.repo     #8

    - name: Install pip     #9
      yum: name=python-pip state=installed     #10

    - name: Install the AWS tools     #11
      pip: name=awscli state=present     #12

    - name: Upload the file     #13
      shell: aws s3 put-object --bucket=my-test-bucket --key={{
        ansible_hostname }}/fstab --body=/etc/fstab --region=
        eu-west-1     #14
      environment:     #15
```

```
AWS_ACCESS_KEY_ID: XXXXXXXXXXXXXXXXXXX          #16
AWS_SECRET_ACCESS_KEY: XXXXXXXXXXXXXXXXXXX       #17
```

 내부적으로 앤시블은 환경 변수를 파이썬 코드로 설정한다. 환경 변수를 이미 사용하는 어떤 모듈이라도 여기서 설정한 환경 변수의 이익을 볼 수 있다는 것을 의미한다. 만약 여러분만의 모듈을 작성한다면, 특정 인수가 인수 대신 사용하는 환경 변수만큼 더 좋게 사용될 수도 있는지 고려해야 한다.

get_url, yum, apt와 같은 어떤 앤시블 모듈은 환경 변수를 프록시 서버로 설정하기 위해 사용할 것이다. 환경 변수를 설정하기 원하는 몇 개의 상황은 다음과 같을 것이다.

- 애플리케이션 인스톨러를 실행하기
- shell 모듈을 이용할 때 경로에 추가적인 요소를 추가하기
- 시스템 라이브러리 검색 경로에 포함되지 않은 장소로부터 라이브러리를 로딩하기
- 모듈을 실행하는 동안 LD_PRELOAD 해킹을 이용하기

외부 데이터 검색

앤시블의 0.9 버전에서 검색 플러그인이 소개되었다. 해당 플러그인을 사용하면 외부 소스에서 데이터를 얻을 수 있다. 앤시블은 여러 플러그인을 제공하지만, 여러분만의 플러그인을 개발할 수도 있다. 해당 방법은 설정에서 실제로 문을 여는 것이며, 유연성을 제공한다.

검색 플러그인은 파이썬으로 작성되었고 컨트롤러 장비에서 실행한다. 직접 호출하는 방식과 with_* 키를 사용하는 방식인 두 가지 방식으로 실행된다.

직접 호출하는 방식은 여러분이 변수를 사용할 것과 같이 변수를 사용하고 싶을 때 유용하다. with_* 키를 사용하는 방식은 루프와 같은 것을 사용할 때 유용하다. 2장에서 우리는 with_* 키를 사용하는 것의 예제인 with_fileglob 를 다뤘다.

4장에서 우리는 http_proxy 값을 environment에서 직접 얻는 검색 플러그인 을 사용한다. 우리가 구성 장비가 파일을 다운로드하기 위해 동일한 프록시 서버를 사용할 것인 것을 확신하게 한다.

```
---          #1
- name: Downloads a file using the same proxy as the controlling
machine      #2
  hosts: all      #3
  tasks:       #4
    - name: Download file      #5
      get_url: dest=/var/tmp/file.tar.gz
         url=http://server/file.tar.gz      #6
      environment:      #7
        http_proxy: "{{ lookup('env', 'http_proxy') }}"      #8
```

 변수 부분에서 검색 플러그인을 사용할 수도 있다. 검색 플러그인은 바로 결과를 검색하지 않고 가정할 변수에 해당 결과를 저장한다. 대신에 검색 플러그인은 해당 변수를 매크로로 저장하고 사용하는 순간마다 검색한다. 해당 방법은 시간이 흐르면서 변경될 수 있는 값을 사용하고 있을 경우에 알기 좋다.

with_* 형식에서 검색 플러그인을 사용하면 보통 할 수 없는 뭔가를 반복할 수 있다. 해당 방법과 같이 어떤 플러그인을 사용할 수 있으나, 목록을 리턴하는 경우에 매우 유용하다. 다음 코드에서 동적으로 webapp 서버 팜을 등록하는 방법을 보여준다. 다음 예제를 사용하고 있었더라면, 가상 장비처럼 각각 생성할 수 있는 태스크를 생성한 후에 각각 가상 장비를 설정할 수 있는 새로운 플레이를 추가할 것이다.

```
---
- name: Registers the app server farm
  hosts: localhost
  connection: local
  vars:
    hostcount: 5
  tasks:
   - name: Register the webapp farm
     local_action: add_host name={{ item }} groupname=webapp
     with_sequence: start=1 end={{ hostcount }} format=webapp%02x
```

검색 플러그인이 유용한 상황은 다음과 같다.

- conf.d 방식의 디렉토리에 모든 아파치 설정 디렉토리를 복사하기
- 플레이북이 무엇을 하는지 조정하기 위한 환경 변수 얻기
- DNS TXT 레코드에서 설정 얻기
- 커맨드 결과를 얻어 변수로 저장

결과 저장

debug 모듈을 포함한 거의 대부분의 모듈은 무언인가를 출력한다. 대부분 사용되는 유일한 변수는 changed라 불리는 변수이다. changed 변수는 어떤 핸들러가 실행되어야 할지, 아니면 어느 색상으로 결과를 출력할지를 앤시블이 결정하도록 돕는다. 하지만, 원하는 경우에 반환 값을 저장하고 플레이북에서 나중에 사용할 수 있다. 다음 예제에서 우리는 /tmp 디렉토리에서 모드를 살

퍼볼 것이고 동일한 모드로 /tmp/subtmp이라 불리는 새로운 디렉토리를 생성한다.

```
---
- name: Using register
  hosts: ansibletest
  user: root
  tasks:
    - name: Get /tmp info
      file: dest=/tmp state=directory
      register: tmp

    - name: Set mode on /var/tmp
      file: dest=/tmp/subtmp mode={{ tmp.mode }} state=directory
```

앞에서 봤던 file 모듈과 같이 어떤 모듈은 간단히 정보를 주기 위해서 설정될 수 있다. register 기능과 함께 결합한다면, 환경을 조사할 수 있고 어떻게 진행할지 계산하는 플레이북을 생성할 수 있다.

 register 기능과 set_fact 모듈을 결합하면 모듈로부터 돌려 받는 데이터 처리를 수행할 수 있다. 돌려 받은 값들을 이용하여 계산하고 데이터 처리를 수행할 수 있다. 플레이북이 좀 더 똑똑하고 전보다 훨씬 유연성을 가질 수 있다.

register를 사용하면 이미 사용 가능한 모듈을 기반으로 장비에 대해 여러분만의 팩트를 만들 수 있다. 확연히 다른 환경에서 해당 방법은 유용할 수 있다.

- fetch 모듈로 원격 디렉토리에서 파일 목록을 얻고 모두 다운로드하기

- 핸들러가 실행하기 전, 앞 태스크가 변경할 때 태스크를 실행하기

- 원격 장비의 SSH키 내용을 얻어 known_hosts 파일을 만들기

플레이북 디버그

플레이북을 디버그할 수 있는 몇 가지 방법이 있다. 앤시블은 verbose 모드와 디버깅을 위한 debug 모듈도 특별히 포함한다. 도움을 받을 수 있는 fetch와 get_url과 같은 모듈을 사용할 수도 있다. 해당 디버깅 기법은 모듈을 사용하는 방법을 알기 원할 때, 어떻게 모듈이 실행하는지 조사하기 위해서 사용될 수도 있다.

debug 모듈

debug 모듈을 사용하는 것은 아주 간단하다. msg와 fail이라는 두 개의 선택 가능한 인수를 받는다. msg는 모듈에 의해 출력될 메시지를 설정하며, 만약 fail에 yes로 설정되면 앤시블에 장비의 플레이북 처리를 멈추도록 하여 실패를 알린다. 앞에서 우리가 운영체제를 알지 못했을 때, 플레이북에서 벗어나가기 위해 생략하는 모듈 부분에서 debug 모듈을 사용했다.

다음 예제에서 장비에서 사용 가능한 모든 인터페이스를 출력하는 debug 모듈을 사용하는 방법을 보일 것이다.

```
---
- name: Demonstrate the debug module
  hosts: ansibletest
  user: root
  vars:
    hostcount: 5
  tasks:
    - name: Print interface
      debug: msg="{{ item }}"
      with_items: ansible_interfaces
```

앞 코드는 다음 결과를 출력한다.

```
PLAY [Demonstrate the debug module] *********************************

GATHERING FACTS *****************************************************
ok: [ansibletest]

TASK: [Print IP Address]
**********************************************
ok: [ansibletest] => (item=lo) => {"item": "lo", "msg": "lo"}
ok: [ansibletest] => (item=eth0) => {"item": "eth0", "msg": "eth0"}

PLAY RECAP **********************************************************
ansibletest                : ok=2    changed=0    unreachable=0
failed=0
```

보다시피 debug 모듈은 플레이 실행 중에 변수의 현재 값을 보는 데 사용하기 쉽다.

verbose 모드

디버깅에 대한 다른 옵션은 verbose 옵션이다. verbose 옵션을 주고 앤시블을 실행하면, 앤시블이 실행 이후 각 모듈에서 리턴된 모든 값을 출력한다. 앞 부분에서 소개되었던 register 키워드를 사용하고 있다면 특별히 유용하다. ansible-playbook을 verbose 모드로 실행하기 위해서, 간단히 다음과 같이 커맨드라인에 --verbose를 추가한다.

```
ansible-playbook --verbose playbook.yml
```

check 모드

앤시블은 verbose 모드 이외에 check 모드와 diff 모드를 또한 포함한다. 커맨드에 --check를 추가함으로써 check 모드를 사용할 수 있고, diff 모드를 사용하기 위해 --diff를 추가할 수 있다. check 모드를 사용하면 원격 장비에 실제로 어떠한 변화를 주는 것 없이 플레이를 수행할 수 있다. diff 모드는 구성 시스템으로 만들어 낼 계획이 있는 변화 목록을 얻을 수 있다.

 앤시블의 check 모드는 완벽하지 않다는 것을 중요하게 언급한다. check 기능을 구현하지 않은 모듈은 생략된다. 부가적으로 더 많은 변수를 제공하는 모듈이 생략되는 경우, 실제로 뭔가(파일 크기 등)를 변경하는 모듈을 의존하는 변수가 있는 경우, 해당 모듈은 사용할 수 없습니다. 커맨드 또는 셸 모듈을 사용할 때 check 모드는 분명히 제한적이다.

diff 모드는 template 모듈이 생성한 변화를 보여준다. 템플릿 파일이 텍스트 파일에서만 작동하기에 diff 모드는 한계를 가진다. copy 모듈을 사용하면서 바이너리 파일에 diff 모드를 제공하려 했다면, 거의 읽을 수 없는 결과를 얻을 것이다. diff 모드는 check 모드 안에 있기 때문에 생성하지 못했던 계획된 변화를 보여주기 위해 check 모드와도 함께 동작할 수 있다.

pause 모듈

디버깅할 수 있는 다른 기법은 실행 중인 구성 장비를 검사할 때, 플레이북을 잠시 멈추기 위해서 pause 모듈을 사용하는 것이다. 해당 방법을 사용하면 모듈이 플레이의 특정 위치에서 생성한 변경을 볼 수 있고 플레이의 나머지에서 계속될 동안 지켜볼 수 있다.

정리

이 장에서는 플레이북을 작성할 때 사용할 더 심화된 정보를 살펴보았다. 이제 위임, 루핑, 조건절, 플레이를 유지보수하고 수정하기 더 쉽게 해주는 팩트 등록과 같은 기능을 사용할 수 있어야 한다. 또한 다른 장비에서 정보를 접근하는 방법, 모듈에 환경을 설정하는 방법, 외부 소스에서 데이터를 가져오는 방법을 자세히 살펴보았다. 마지막으로 기대한 대로 행동하지 않은 플레이를 디버그하는 몇 가지 기법을 다뤘다.

4장에서는 대규모 환경에서 앤시블을 사용하는 방법을 다루게 될 것이다. 4장은 실행하기 위해 오랜 시간이 걸릴 수 있는 플레이북의 성능을 개선하는 방법도 다룰 것이다. 또한 플레이를 분할하고, 플레이를 유지보수할 수 있는 몇 가지 더 많은 기능을 다룰 것이다.

4
대규모 프로젝트

지금까지는 하나의 플레이북 파일에서 하나의 플레이를 살펴보았다. 해당 접근법은 간단한 배포 메커니즘으로서 앤시블을 사용할 때 또는 간단한 서버 인프라 환경에서 작동할 것이다. 하지만, 복잡하고 대규모 서버 인프라를 가지고 있다면, 감당할 수 없는 것을 막기 위한 행동을 취할 필요가 있을 것이다. 4장은 다음 주제를 포함하고 있다.

- 플레이북을 여러 개의 파일로 분리하고, 다른 위치에서 분리된 파일을 포함하기
- 같은 기능을 수행하는 여러 개의 파일을 포함하는 역할을 사용하기
- 앤시블이 설정한 장비에서 속도를 높이기 위한 방법

인클루드

복잡한 서버 인프라와 대면할 수 있는 첫 번째 이슈 중 하나는 플레이북이 수적으로 급격히 늘어날 것이라는 사실이다. 규모가 큰 플레이북은 읽고 유지보

수할 수 있는 데 어려워질 수 있다. 앤시블은 인클루드^{Include}라는 방법을 제공함으로서 이 문제에 대처할 수 있게 한다.

인클루드를 사용하면 플레이를 여러 부분으로 분할할 수 있다. 그리고 다른 플레이에서 각 부분을 포함할 수 있다. 다른 목적을 위해 만든 몇 개의 여러 부분으로 나눈 후, 주요한 플레이에 모든 부분을 포함할 수 있다.

인클루드에는 네 가지 종류가 있는데, 변수 인클루드, 플레이북 인클루드, 태스크 인클루드, 핸들러 인클루드이다. 외부 vars_file 파일에서 변수를 포함하는 경우는 2장, '간단한 플레이북'에서 함께 이야기했다. 다음은 각 인클루드가 무엇을 하는지에 대한 요약을 설명한다.

- **변수 인클루드**: 외부 야믈 파일의 변수를 저장할 수 있도록 한다.
- **플레이북 인클루드**: 하나의 플레이에서 다른 파일의 플레이를 포함할 때 사용한다.
- **태스크 인클루드**: 다른 파일의 공통 태스크를 저장하고 필요할 때마다 공통 태스크를 포함할 때 사용한다.
- **핸들러 인클루드**: 한 장소에 핸들러를 모두 저장할 수 있도록 저장하게 한다.

태스크 인클루드

반복될 많은 공통 태스크를 가지고 있을 때, 태스크 인클루드$^{Task\ includes}$를 사용할 수 있다. 예를 들어, 여러분이 설정할 수 있기 전에 로드 밸런서와 모니터링에서 장비를 제거하는 태스크 집합을 가지고 있을 것이다. 분리된 야믈 파일에 해당 태스크를 저장할 수 있으며, 주된 태스크로부터 해당 태스크를 포함할 수 있다.

태스크 인클루드는 태스크 인클루드가 포함된 플레이의 팩트를 상속한다. 또한 태스크에 넘길 수 있고, 사용 가능한 여러분만의 변수를 제공할 수 있다.

마지막으로 태스크 인클루드는 태스크 인클루드에 적용할 수 있는 조건절을 소유할 수 있다. 조건절을 적용한다면, 조건절은 포함된 각 태스크에 별도로 추가될 것이다. 해당 태스크는 여전히 모두 포함되었다. 대부분의 경우에 태스크 인클르드를 분리하는 것은 중요한 구분은 아니지만, 변수가 변경될 수 있는 환경에서는 중요한 구분이다.

태스크 인클루드로 포함될 파일은 태스크 목록에 들어 있다. 장비나 그룹 그리고 어떠한 변수가 있다고 가정한다면, 바로 맨 처음에 주석으로 해당 존재를 언급해야 한다. 해당 방법은 파일을 더 쉽게 재사용하도록 해준다.

그래서 많은 사용자를 생성하고 공인 키로 사용자의 환경을 설정하기 원했다면, 하나의 파일에 하나의 사용자를 생성하는 태스크로 분할했을 것이다. 아마도 해당 파일은 다음 코드와 비슷하게 보였을 것이다.

```
---
# Requires a user variable to specify user to setup     #1
- name: Create user account      #2
  user: name={{ user }} state=present      #3

- name: Make user SSH config dir      #4
  file: path=/home/{{ user }}/.ssh owner={{ user }} group={{ user }}
    mode=0600 state=directory      #5

- name: Copy in public key      #6
  copy: src=keys/{{ user }}.pub dest=/home/{{ user }}/.ssh/authorized_
    keys mode=0600 owner={{ user }} group={{ user }}      #7
```

user라 불리는 변수가 넘겨질 것이고 사용자의 인증 키가 keys 디렉토리에
있을 것이라는 것을 기대할 것이다. 계정이 생성되고 ssh config 디렉토리
가 생성되고 마침내 우리는 공인 키 파일을 복사할 수 있을 것이다. config 파
일을 가장 쉽게 사용하는 방법은 3장, '플레이북 심화 내용'에 대해서 배운
with_items 키워드를 포함하는 것이다. 해당 방법은 다음과 비슷하게 보일
것이다.

```
---
- hosts: ansibletest
  user: root
  tasks:
    - include: usersetup.yml user={{ item }}
     .with_items:
        - mal
        - dan
        - kate
```

핸들러 인클루드

앤시블 플레이북을 작성할 때, 여러 번 동일한 핸들러를 재사용하고 있는 자
신을 끊임없이 발견할 것이다. 예를 들면, 핸들러는 모든 장소에서 동일하게
볼 수 있는 MySQL을 재시작할 때 사용되고는 한다. 더 쉽게 하기 위해 핸들
러 부분에서 다른 핸들러 파일들을 포함할 수 있다. 각 핸들러의 이름을 포함
해야 한다. 그러나 핸들러에 핸들러의 이름을 포함하지 않으면, 여러분이 작
성한 핸들러에서 쉽게 참조할 수 없을 것이다.

```
---
- name: config sendmail
  command: make -C /etc/mail
```

```
  notify: reload sendmail

- name: config aliases
  command: newaliases
  notify: reload sendmail

- name: reload sendmail
  service: name=sendmail state=reloaded

- name: restart sendmail
  service: name=sendmail state=restarted
```

sendmail을 설정한 후 처리되기 원하는 여러 개의 공통 태스크를 해당 파일이 제공한다. 핸들러 파일에서 다음 핸들러를 포함함으로써, sendmail 설정을 변경해야 할 때마다 핸들러를 재사용할 수 있다.

- 첫 번째 핸들러는 sendmail 데이터베이스의 config 파일을 재생성한 후에 sendmail 파일을 reload하도록 작동시킨다.

- 두 번째 핸들러는 aliases 데이터베이스를 초기화한 후에 sendmail reload 파일을 스케줄한다.

- 세 번째 핸들러는 sendmail을 다시 읽는다. 바로 앞 2개의 작업에 의해 작동되었거나 하나의 태스크에서 직접 호출될 수 있다.

- 네 번째 핸들러는 호출될 때 sendmail을 재시작한다. sendmail을 새로운 버전으로 업그레이드할 때 유용하다.

핸들러는 작동되는 핸들러 대신, 뒤에서 상세할 핸들러만 작동시키는 다른 핸들러를 작동시킬 수 있다. 이 뜻은 서로 호출하는 일련의 연속적인 핸들러를 설정할 수 있다는 것을 의미한다. 해당 핸들러가 notify 부분 또는 태스크의 긴 핸들러 목록을 가지지 않도록 해준다.

앞의 핸들러 파일을 사용하는 것은 쉽다. sendmail 설정 파일을 변경한다면 config sendmail을 작동시켜야 하고 aliases 파일을 변경한다면 우리는 config aliases를 작동시켜야 한다는 것을 간단히 기억할 필요가 있다. 다음 코드는 해당 예제를 보여준다.

```
---
  hosts: mailers        #1
  tasks:      #2
   - name: update sendmail      #3
     yum: name=sendmail state=latest      #4
     notify: restart sendmail      #5

   - name: configure sendmail      #6
     template: src=templates/sendmail.mc.j2
        dest=/etc/mail/sendmail.mc      #7
     notify: config sendmail      #8

  handlers:      #9
   - include: sendmailhandlers.yml      #10
```

해당 플레이북은 sendmail이 설치되었는지를 확실하게 한다. 만약 sendmail이 설치되지 않았거나 최신 버전으로 실행되고 있지 않다면 바로 sendmail이 설치된다. 플레이북이 동작되면, sendmail이 업데이트된 후 재시작이 스케줄되어 sendmail의 최신 버전이 동작할 것이라는 것을 확신할 수 있다. 다음 단계에서는 sendmail 설정 파일을 템플릿으로 교체한다. config 파일이 템플릿으로 변경된다면, 바로 sendmail 설정 파일은 재생성될 것이고 마지막으로 sendmail은 설정 파일을 다시 읽을 것이다.

플레이북 인클루드

장비 집합으로 지정된 태스크의 전체 집합을 포함하기를 원할 때 플레이북 인클루드가 사용될 수 있어야 한다. 예를 들면, 여러 장비의 장비 키를 수집하는 플레이를 가지고 있을 수 있고, 모든 장비에 복사하기 위해 known_hosts 파일을 만들 것이다.

태스크 인클루드는 태스크를 포함하기 위해 사용되는 반면, 플레이북 인클루드는 모든 플레이를 포함하기 위함이다. 해당 방법은 실행하기를 원하는 장비를 선택하거나 이벤트를 수신하려는 핸들러를 제공할 수 있다. 모든 플레이북 파일을 포함하기 때문에 많은 플레이를 포함할 수도 있다.

플레이북 인클루드는 완전히 독립적인 파일을 포함한다. 독립적인 파일을 포함하는 것은 필요로 하는 어떤 변수도 제공해야 하기 때문이다. 파일이 특정 장비 또는 그룹 집합에 의존한다면, 파일 앞에 주석에 언급되어야 한다.

한 번에 여러 개의 액션을 실행하기 원할 때 유용하다. 예를 들어, 우리가 DR 싸이트에 스위치하는 drfailover.yml이라는 플레이북, 앱을 업그레이드하는 upgradeapp.yml이라는 플레이북, 장애 복구하는 drfailback.yml이라는 플레이북, 마지막으로 drupgrade.yml이라는 플레이북이 있다는 것으로 가정해보자. 해당되는 모든 플레이북은 각각 사용하기 유용할 수 있으나, 싸이트 업그레이드를 수행할 때는 아마도 한 번에 모든 플레이북이 수행하기를 원할 것이다. 다음 코드에서 보여지는 것처럼 해당 작업을 할 수 있다.

```
---
- include "drfailover.yml"      #1
- include "upgradeapp.yml"      #2
- include "drfailback.yml"      #3

- name: Notify management       #4
  hosts: local        #5
  tasks:       #6
    - local_action: mail to="mgmt-team@example.com" msg='The
      application has been upgraded and is now live'      #7

- include "drupgrade.yml"       #8
```

보는 것처럼 다른 플레이북을 포함하고 있는 플레이북 안에 많은 플레이를 놓을 수 있다.

롤

플레이북이 문제를 해결하는 데 어떤 인클루드가 도움을 줄 수 있는지 이상으로 확장되기 시작할 때, 또는 많은 템플릿을 수집하기 시작할 때, 여러분은 롤^{Roles}을 사용하기를 원할 것이다. 앤시블의 롤을 사용하면 정의된 형식으로 함께 파일을 분류할 수 있다. 롤은 본질적으로 자동으로 몇 가지를 처리하는 인클루드에 대한 확장이며, 저장소 안에 플레이북을 체계화할 수 있다.

롤 폴더에 변수, 파일, 태스크, 템플릿, 핸들러를 위치할 수 있으며, 쉽게 포함할 수 있다. 의존성 트리를 생성할 수 있는 롤에서 효과적으로 다른 롤을 포함할 수도 있다. 태스크 인클루드와 비슷하게 롤은 롤에 넘길 수 있는 변수를 가진다. 해당 기능을 사용하여 다른 이들과 공유가 쉬운 독립적인 롤을 만들 수 있어야 한다.

롤은 장비에 의해 제공되는 서비스로 주로 설정되지만, 롤은 데몬, 옵션 또는 간단히 특성이 될 수도 있다. 롤에서 설정하기를 원하는 것들은 다음과 같다.

- Nginx 또는 아파치[Apache]와 같은 웹 서버
- 장비의 보안 수준에 맞춘 사용자 정의된 날짜 메시지
- PostgresSQL 또는 MySQL이 실행 중인 데이터베이스 서버

앤시블의 롤을 관리하기 위해서 다음 단계를 수행한다.

1. 플레이북으로 roles라는 이름을 가진 폴더를 생성한다.

2. roles 폴더에서 원하는 각 롤의 폴더를 만든다.

3. 각 롤의 폴더에서는 files, handlers, meta, tasks, templates, 마지막으로 vars라는 폴더를 생성한다. 이 모든 폴더를 사용하지 않는다면, 사용하지 않는 롤은 사용하지 않을 수 있다. 롤을 사용 중일 때, 앤시블은 해당 이름이 없는 파일 또는 디렉토리가 없더라도 조용하게 무시할 것이다.

4. 플레이북에서 장비에 적용하고 싶은 롤 목록 다음에 roles 키워드를 추가한다.

5. 예를 들어, common, apache, website1, website2 롤을 사용하고 있다면 다음 예제와 같은 디렉토리 구조가 보일 것이다. site.yml 파일은 전체 싸이트를 재설정하는 용도이고, webserver1.yml과 webserver2.yml 파일은 각 웹 서버 팜을 설정하는 용도이다.

```
.
├── inventory.ini
├── roles
│   ├── apache
│   │   ├── files
│   │   ├── handlers
│   │   │   └── main.yml
│   │   ├── meta
│   │   ├── tasks
│   │   │   └── main.yml
│   │   ├── templates
│   │   │   └── httpd.conf.j2
│   │   └── vars
│   │       └── main.yml
│   ├── common
│   │   ├── files
│   │   │   └── bashrc
│   │   ├── handlers
│   │   ├── meta
│   │   ├── tasks
│   │   │   └── main.yml
│   │   ├── templates
│   │   │   └── motd.j2
│   │   └── vars
│   │       └── main.yml
│   ├── website1
│   │   ├── files
│   │   ├── handlers
│   │   │   └── main.yml
│   │   ├── meta
│   │   ├── tasks
│   │   │   └── main.yml
│   │   ├── templates
│   │   │   └── environment.yml.j2
│   │   │   └── website1.conf.j2
│   │   └── vars
│   │       └── main.yml
│   └── website2
│       ├── files
│       ├── handlers
│       │   └── main.yml
│       ├── meta
│       ├── tasks
│       │   └── main.yml
│       ├── templates
│       │   └── environment.yml.j2
│       │   └── website2.conf.j2
│       └── vars
│           └── main.yml
├── website1.yml
└── website2.yml
```

다음 파일은 website1.yml에 있을 수 있다. 해당 파일은 인벤토리의 common, apache, website1 롤을 website1 그룹 장비로 적용하는 플레이북으로 보여준다. website1 롤에 변수를 넘겨 줄 수 있는 버보즈^{verbose} 형식을 더 사용할 수 있도록 포함된다.

```
---
- name: Setup servers for website1.example.com
  hosts: website1
  roles:
    - common
    - apache
    - { role: website1, port: 80 }
```

common이라는 이름을 가진 롤에 대해 앤시블은 태스크 인클루드로 roles/common/tasks/main.yml을, 핸들러 인클루드로 roles/common/handlers/main.yml을, 변수 파일 인클로드로 roles/common/vars/main.yml의 로드를 시도할 것이다. 해당되는 모든 파일을 찾지 못한다면, 앤시블은 에러를 발생할 것이지만, 해당 파일 중 하나가 존재하고 다른 파일들을 못 찾는다면 다른 파일은 무시될 것이다. 다음 디렉토리는 앤시블의 기본 설치에 의해 사용된다. 다른 디렉토리는 다른 모듈에 의해 사용될 것이다.

디렉토리	설명
tasks	tasks 폴더는 태스크 롤의 태스크 목록을 포함하는 main.yml 파일을 포함해야 한다. 태스크 롤에 포함된 모든 태스크 인클루드는 태스크 폴더의 파일을 역시 기대할 것이다. 해당 방법을 사용하면 많은 태스크를 독립된 파일로 나누어 서로 태스크 인클루드의 기능을 사용할 수 있다.
files	files 폴더는 script 모듈이나 copy 모듈에 의해 사용되는 롤의 파일을 위한 기본 위치이다.

(이어짐)

디렉토리	설명
templates	templates 디렉토리는 template 모듈이 자동으로 templates 롤의 진자2 템플릿을 찾는 디렉토리이다.
handlers	핸들러 폴더는 롤의 핸들러를 상세한 main.yml 파일을 포함해야 하고 폴더의 모든 인클루드는 같은 위치의 파일을 역시 찾을 것이다.
vars	vars 폴더는 롤의 변수를 포함하는 main.yml 파일을 포함한다.
meta	meta 폴더는 main.yml 파일을 포함해야 한다. 해당 파일은 롤을 위한 설정과 설정의 의존 목록을 포함할 수 있다. 해당 기능은 앤시블 1.3 이상 버전에서만 사용 가능하다.
default	여러분이 롤에 보낼 변수를 기대하고 있고, 선택적인 변수를 원한다면 default 폴더를 사용해야 한다. 롤을 호출하는 플레이북에서 넘겨지는 변수에 오버라이드될 수 있는 변수의 초기값을 얻기 위해 해당 폴더의 main.yml 파일은 읽혀진다. 해당 기능은 앤시블 1.3 이상 버전에서만 사용 가능하다.

롤을 사용할 때 copy, template, script 모듈의 작동 방식이 약간 변경된다. 플레이북 파일이 위치한 디렉토리를 살펴봄으로서 파일을 검색하는 것 대신, 앤시블은 롤의 위치에서 플레이북 파일을 기대할 것이다. 예를 들어, 여러분이 common이라는 이름의 롤을 사용하고 있다면, 해당 모듈은 다음과 같이 변경될 것이다.

- copy 모듈은 roles/common/files에서 파일을 기대할 것이다.

- template 모듈은 roles/common/templates에서 템플릿을 기대할 것이다.

- script 모듈은 roles/common/files에서 파일을 기대할 것이다.

- 다른 모듈은 roles/common 안에 다른 폴더의 데이터를 기대할 것을 결정할 수 있다. 1장의 '앤시블 시작'의 모듈 도움말에서 함께 이야기한 것처럼 모듈의 문서는 ansible-doc을 사용하여 검색될 수 있다.

1.3의 새로운 기능

앤시블 1.3의 두 가지의 새로운 기능은 이 장의 앞에서 언급되었다. 첫 번째 기능은 `metadata` 롤이다. 해당 롤을 사용하면 다른 롤을 의존하는 롤을 상세할 수 있다. 예를 들어, 배포 중인 애플리케이션이 메일을 전송할 필요가 있다면 롤은 `Postfix` 롤을 의존할 수 있다. 따라서 애플리케이션이 설치되고 설정되기 전에 `Postfix`는 설치되고 설정될 것을 의미한다.

meta/main.yml 파일은 다음 코드와 비슷하게 보일 것이다.

```
---
allow_duplicates: no
dependencies:
  - apache
```

`allow_duplicates` 줄은 기본 값이 no로 설정되었다. `allow_duplicates`의 값이 no로 설정하고 같은 인수가 두 번 포함되어 있다면, 앤시블은 롤을 두 번 실행하지 않을 것이다. `allow_duplicates` 줄을 yes로 설정하면 실행하기 전이라면 롤을 역시 반복할 것이다. no로 설정하는 대신 생략할 수 있을 것이다.

롤과 같은 형식으로 의존성이 명시되었다. 따라서 변수를 정적 값 또는 현재 롤에 넘길 수 있는 변수로 넘길 수 있다.

앤시블 1.3에 포함된 두 번째 기능은 변수가 기본 값이 있는 것이다. 롤을 위해 기본 디렉토리의 main.yml 파일을 위치하면, 해당 변수는 롤로 읽혀질 수 있지만, 해당 변수는 vars/main.yml 파일의 변수나 롤이 포함될 때 롤에 넘겨지는 변수로 오버라이드될 수 있다. 해당 방법을 사용하면 롤에 변수를 넘기는 것을 선택적으로 할 수 있다. 해당 파일은 다른 변수 파일처럼 정확히 보인다. 예를 들면, 롤에서 `port`라는 이름의 변수를 사용하고 기본 값을 80포트로 원한다면, /default/main.yml 파일은 다음 코드와 비슷하게 보일 것이다.

```
---
port: 80
```

속도 내기

앤시블 설정에 점점 더 많은 장비와 서비스를 추가할 때, 점점 속도가 느려지는 부분을 찾을 수 있다. 다행히, 더 큰 규모의 앤시블 작업을 하는 데 사용할 수 있는 몇 가지 요령이 있다.

태그

앤시블 태그는 플레이북의 어느 부분의 실행이 필요한지, 어느 부분을 생략할 수 있는지 선택할 수 있도록 하는 기능이다. 플레이북의 변경이 없다면 앤시블 모듈은 먹등이므로 자동으로 생략할 수 있는 반면, 앤시블 태그는 원격 장비에 연결을 가끔 필요로 한다. yum 모듈이 최신 버전일 때, yum 모듈이 설치 버전을 결정하는 데 조금 느려지므로, 모든 저장소를 새롭게 할 필요가 있을 것이다.

실행될 특정 액션이 필요하지 않은 것을 알고 있다면, 특정 태그로 태깅된 run 모듈만 선택할 수 있다. 이것은 심지어 모듈을 실행하려 하지 않고 단순히 실행하려 하지 않는다. 할 것이 없다면 거의 모든 모듈에 시간을 저장할 것이다.

많은 셸 계정이 있는 장비를 가지고 있고, 장비에서 실행하기 위해 설치된 여러 서비스가 있다고 해보자. 지금, 한 사용자의 SSH 키가 위험에 노출되고 즉시 삭제되어야 할 필요성이 있는 상황을 상상해 보자. 전체 플레이북을 실행하거나 또는 해당 키를 삭제하기 위해 필요한 단계를 포함하기 위해 플레이북을 재작성하는 대신에, 간단히 SSH 키 태그와 함께 기존 플레이북을 간단히 실행할 수 있고, 즉시 다른 어떤 것을 생략하고 새로운 키를 전부 복사하기 위해 필요한 단계만 실행할 수 있을 것이다.

전체 인프라 서버를 지원하는 태그에 플레이북 인클루드를 이용한 플레이북을 가지고 있다면 특히 유용하다. 설정과 함께, 빨리 보안 패치를 배포할 수 있고 암호를 수정할 있으며 가능한 한 빨리 온 인프라 서버를 걸쳐 키를 취소할 수 있다.

태스크 태깅은 매우 간단해서 간단히 tag라 불리는 키를 더하고, 태그를 넣기 원하는 태그 목록에 값을 설정한다. 다음 코드는 해당 태그의 사용 방법을 알려준다.

```
---
- name: Install and setup our webservers      #1
  hosts: webservers        #2
  tasks:      #3
  - name: install latest software      #4
    action: yum name=$item state=latest      #5
    notify: restart apache      #6
    tags:      #7
      - patch      #8
    with_items:      #9
    - httpd      #10
    - webalizer      #11

  - name: Create subdirectories      #12
    action: file dest=/var/www/html/$item state=directory mode=755
```

```
owner=apache group=apache          #13
    tags:          #14
      - deploy          #15
    with_items:          #16
      - pub          #17


  - name: Copy in web files          #18
    action: copy src=website/$item dest=/var/www/html/$item mode=755
        owner=apache group=apache          #19
    tags:          #20
      - deploy          #21
    with_items:          #22
      - index.html          #23
      - logo.png          #24
      - style.css          #25
      - app.js          #26
      - pub/index.html          #27


  - name: Copy webserver config          #28
    tags:          #29
      - deploy          #30
      - config          #31
    action: copy src=website/httpd.conf dest=/etc/httpd/conf/httpd.
      conf mode=644 owner=root group=root          #32
    notify: reload apache          #33


  - name: set apache to start on startup          #34
    action: service name=httpd state=started enabled=yes          #35


  handlers:          #36
```

```
  - name: reload apache          #37
    service: name=httpd state=reloaded       #38

  - name: restart apache         #39
    service: name=httpd state=restarted      #40
```

해당 플레이는 patch, deploy, config 태그를 정의한다. 사전에 실행하기를 원하는 작업을 알고 있다면, 선택한 작업만 실행하는 올바른 인수로 앤시블을 실행할 수 있다. 커맨드라인에 태그를 지정하지 않으면, 기본적으로 모든 작업을 실행한다. deploy로 태그된 앤시블 작업만 실행하려면, 다음 명령어를 실행할 것이다

```
$ ansible-playbook webservers.yml --tags deploy
```

별개의 태스크의 작업을 추가하여, 커맨드라인에 제공될 태그의 롤에만 적용함으로서, 태그에도 롤을 사용할 수 있다. 태스크에 적용했던 방법과 비슷하게 롤에 적용한다. 그 예시로 다음 코드를 참조하라.

```
---
- hosts: website1
  roles:
    - common
    - { role: apache, tags: ["patch"] }
    - { role: website2, tags: ["deploy", "patch"] }
```

앞의 코드에서 common 롤은 어떠한 태그도 없으며, 태그가 적용되었다면 common 롤은 실행되지 않을 것이다. patch 태그가 적용되면, common이 아닌 apache와 website2 롤이 적용될 것이다. deploy 태그가 적용되면 website2 태그만 적용될 것이다. 태그는 서버의 패치가 필요한 시간을 줄일 것이고, 불필요한 단계가 완벽하게 생략하게 하는 배포를 실행할 것이다.

앤시블의 풀 방식

앤시블은 플레이북의 확장성을 대폭 개선할 수 있는 풀^{pull} 방식을 포함한다. 지금까지 우리는 SSH을 통한 다른 서버를 설정하기 위해 앤시블을 사용하는 것만 다루었다. SSH를 이용한 방법은 앤시블의 설정하기 원하는 장비에 실행하는 풀 방식과는 대조적이다. ansible-pull은 설정되고 있는 장비에서 실행하기 때문에 다른 장비에 연결을 맺을 필요가 없고 더 빨리 실행한다. 풀 방식에서 앤시블이 다운로드하고 장비에 설정할 수 있도록 사용할 수 있는 깃 저장소에서 설정을 제공한다.

다음 상황에서 앤시블의 풀 방식을 사용해야 한다.

- 자동으로 확장되는 서버 팜의 서버를 설정할 때, 장비가 사용 가능하지 않을 수 있다.
- forks에 큰 값을 수어지고, 설정할 많은 장비를 가지고 있으며, 모든 장비를 설정하는 데 오랜 시간이 소요될 것이다.
- 저장소가 변경될 때, 자동으로 장비 설정이 업데이트될 장비를 원한다.
- 킥스타트 후설치와 네트워크 접속을 아직 하지 않은 장비에 앤시블을 실행되기 원한다.

하지만, 풀 방식은 특정 상황에서는 맞지 않는 다음 단점을 가지고 있다.

- 다른 장비에 연결해서 변수를 수집하거나 관리 장비의 자격 증명을 필요로 하는 파일을 복사하기 위해
- 모든 서버 팜을 걸쳐 플레이북의 실행을 조화롭게 할 필요가 있다. 예를 들면, 오프라인으로 한 번에 3대의 서버만 사용할 수 있을 때
- 장비를 앤시블로 설정하기 위해 사용하는 장비에서 들어오는 SSH 연결을 허락하지 않는 엄격한 방화벽 뒤에 있는 서버들이 존재할 때

풀 방식은 플레이북에 뭔가 특별한 것을 요구하지 않지만, 풀 방식은 장비에 설정되기 원하는 몇 가지 설정이 필요하다. 몇 가지 상황에서, 앤시블의 일반적인 푸시 방식을 사용하여 설정을 할 수 있다. 여기에 장비에 플레이 방식으로 설정할 수 있는 작은 플레이가 있다.

```
---
- name: Ansible Pull Mode        #1
  hosts: pullhosts        #2
  tasks:        #3
    - name: Setup EPEL        #4
      action: command rpm -ivh http://download.fedoraproject.org/pub/
        epel/6/i386/epel-release-6-8.noarch.rpm creates=/etc/yum.
        repos.d/epel.repo        #5

    - name: Install Ansible + Dependencies        #6
      yum: name={{ item }} state=latest enablerepo=epel        #7
      with_items:        #8
      - ansible        #9
      - git-core        #10

    - name: Make directory to put downloaded playbooks in        #11
      file: state=directory path=/opt/ansiblepull        #12

    - name: Setup cron        #13
      cron: name="ansible-pull" user=root minute="*/5" state=present
        job="ansible-pull -U https://git.int.example.com.com/gitrepos/
        ansiblepull.git -D /opt/ansiblepull {{ inventory_hostname_
        short }}.yml"        #14
```

해당 예제에서는 다음 단계를 수행했다.

- 첫 번째, EPEL을 설치했고 설정했다. EPEL은 센트OS의 새로운 소프트웨어가 있는 저장소이다. 앤시블은 EPEL 저장소에서 사용 가능하다.

- 다음은 앤시블을 설치했고, EPEL 저장소를 사용할 수 있도록 했다.

- 다음은 앤시블의 플레이북을 저장할 수 있는 풀 방식을 위한 디렉토리를 생성했다. 해당 디렉토리의 파일을 저장하는 것은 전체시간에 모든 깃^{git} 저장소를 다운로드할 필요가 없다는 것을 의미한다. 변경되었을 때만 다운로드한다.

- 마지막으로 매 5분마다 설정하는 `ansible-pull` 방식의 실행을 시도하려는 cron 잡을 설정한다.

 앞의 코드는 내부 HTTPS 깃 서버의 저장소에서 다운로드한다. SSH 대신 저장소를 다운로드하려면, SSH 키를 설치하거나 키를 생성하고 깃 장비에 SSH 키를 복사하는 단계를 추가해야 한다.

정리

이 장에서는 간단한 설정부터 대규모 배포까지의 필요한 기법을 다뤘다. 인클루드를 이용하여 플레이북을 여러 개의 부분으로 나누는 방법을 함께 살펴보았다. 그리고 관련된 인클루드를 패키징할 수 있는 방법과 롤을 사용하여 즉시 인클루드를 포함할 수 있는 방법을 면밀히 살펴보았다. 마지막으로 원격 장비의 플레이북의 배포를 자동화할 수 있는 풀^{pull} 방식을 논의했다.

5장에서는 여러분만의 모듈을 작성을 하는 내용을 다룰 것이다. 배시^{Bash} 스크립트를 사용하여 간단한 모듈을 만들어서 여러분의 모듈을 작성 방법을 시작할 것이다. 그리고 앤시블이 모듈을 어떻게 찾을 수 있는지, 사용자 정의 모듈을 찾는 방법을 알아볼 것이다. 또한, 앤시블이 제공하는 기능을 사용하여 더 고급스런 모듈을 파이썬을 사용하여 작성하는 방법을 살펴보고, 마지막으로 외부 소스로부터 저장소를 풀^{pull}할 수 있는 스크립트를 작성해 볼 것이다.

5

사용자 정의 모듈

지금까지 우리는 앤시블에서 제공되는 도구만으로 작업하고 있다. 앤시블은 많은 기능을 제공하고, 많은 것을 가능케 한다. 하지만, 특별하고 복잡한 무엇인가를 가지고 있거나, script 모듈을 많이 사용 중이라면, 아마도 앤시블을 확장하는 방법을 알기 원할 것이다.

5장에서 다음 주제를 배울 것이다.

- 배시 스크립트 또는 파이썬으로 모듈을 작성하는 방법

- 여러분이 개발한 사용자 정의 모듈을 사용하기

- 인벤토리로서 외부 데이터 소스를 사용하는 스크립트 작성하기

앤시블로 복잡한 무엇인가를 처리하고자 할 때, 종종 script 모듈을 사용한다. script 모듈을 이용한 사안은 결과를 처리할 수 없거나 결과를 바탕으로 하는 핸들러를 쉽게 작동시키지 못할 때이다. 따라서 script 모듈은 몇 가지 경우에서 작동할 수 있으나, 모듈을 사용하는 것이 더 좋을 수 있다.

다음 상황에서 스크립트를 작성하는 것 대신 모듈을 사용한다.

- 매번 스크립트를 실행하기를 원하지 않는다.

- 출력을 처리할 필요가 있다.

- 여러분의 스크립트를 팩트로 만들 필요가 있다.

- 복잡한 변수를 인수로 보낼 필요가 있다.

모듈 개발을 작성하기 원한다면, 앤시블 저장소를 체크아웃해야 한다. 특정 버전의 모듈을 작업하기 원한다면, 호환성을 보장할 버전으로도 변경해야 한다. 다음 커맨드는 앤시블 1.3.0 모듈을 개발하기 위해 설정하는 것이다. 앤시블 코드를 체크아웃하면 나중에 모듈을 테스트하기 위해 사용할 유용한 스크립트로 접근할 수 있다. 또한 해당 스크립트의 사용을 예상하여 이 장 뒷부분에서 스크립트를 실행하게 할 수 있다.

```
$ git clone ( https://github.com/ansible/ansible.git )
$ cd ansible
$ git checkout v1.3.0
$ chmod +x hacking/test-module
```

배시로 모듈 작성

앤시블은 원하는 모든 언어로 모듈을 작성할 수 있도록 지원한다. 앤시블의 대부분 모듈은 JSON으로 동작하지만, JSON 구문 분석 기능을 가지고 있지 않다면, 바로 가기를 사용할 수 있다. 바로 가기가 키-값 형태로 제공되면, 앤시블은 여러분에게 원래 키-값 형태로 인수를 제공할 것이다. 복잡한 인수가 제공되면, 여러분은 JSON으로 인코드된 데이터를 수신할 것이다. 그러나 원격 장비에 jsawk(https://github.com/micha/jsawk) 또는 jq(http://stedolan. github.io/jq/)와 같은 소프트웨어가 설치되어 있어야만 이를 이용해 구문을 분석할 수 있다.

앤시블은 아직 hostname 커맨드로 장비의 이름을 변경하는 모듈을 소유하지 않았다. 그래서 함께 모듈을 작성할 것이다. 우리는 현재 장비 이름을 출력하기 시작하고 나서부터 스크립트를 확장할 것이다. 여기에 해당되는 간단한 모듈이 다음과 같을 것이다.

```bash
#!/bin/bash

HOSTNAME="$(hostname)"

echo "hostname=${HOSTNAME}"
```

전에 배시 스크립트를 작성한 적이 있다면, 아주 기본으로 보일 것이다. 우리가 하는 본질적인 작업은 장비 이름을 얻어 키-값 형식으로 출력하는 것이다. 이제 우리가 모듈의 첫 시작을 작성했으므로, 테스트를 할 것이다.

앤시블 모듈을 테스트하기 위해 이전에 chmod 커맨드를 실행하는 스크립트를 사용했다. 해당 커맨드는 간단히 모듈을 실행하고, 결과를 레코드하고, 결과를 리턴한다. 앤시블이 모듈의 결과를 인터프리트하는 방법도 보여준다. 우리가 사용할 커맨드는 다음과 같을 것이다.

```
ansible/hacking/test-module -m ./hostname
```

해당 커맨드의 결과는 다음과 같을 것이다.

```
* module boilerplate substitution not requested in module, line
numbers will be unaltered
***********************************
RAW OUTPUT
hostname=admin01.int.example.com
```

```
*********************************
PARSED OUTPUT
{
    "hostname": "admin01.int.example.com"
}
```

상단 알림은 무시하라. 배시로 만든 모듈이 적용되지 않았다는 내용이다. 우리가 기대한 대로 스크립트가 보낸 명확한 원본 결과를 볼 수 있다. 테스트 스크립트는 역시 구분 분석된 결과를 보여준다. 예제에서 우리는 간단한 출력 포맷을 사용하고 있고 앤시블이 일반적으로 모듈로부터 받는 JSON으로 정확히 해석하는 것을 여기서 볼 수 있다.

hostname을 설정할 수 있는 모듈을 확장하자. 해당 모듈을 작성하여 변경이 필요하지 않으면 어떤 변경도 생성하지 않게 할 수 있으며, 변경이 발생했는지 발생하지 않았는지를 앤시블에 알린다. 모듈은 우리가 작성할 작은 커맨드를 위한 것으로 실제로 아주 작다. 새로운 스크립트는 다음과 같이 보일 것이다.

```
#!/bin/bash

set -e

# This is potentially dangerous
source ${1}

OLDHOSTNAME="$(hostname)"
CHANGED="False"

if [ ! -z "$hostname" -a "${hostname}x" != "${OLDHOSTNAME}x" ]; then
  hostname $hostname
```

```
    OLDHOSTNAME="$hostname"

    CHANGED="True"
fi

echo "hostname=${OLDHOSTNAME} changed=${CHANGED}"
exit 0
```

해당 스크립트는 다음과 같이 작동한다.

1. 에러 모드에 배시의 exit를 설정하여 hostname에서 발생한 오류를 처리할 필요가 없다. 배시는 실패할 때마다 exit 코드를 포함하여 자동으로 종료할 것이다. exit 코드는 앤시블에게 뭔가 잘못되었음을 신호를 보낼 것이다.

2. source 명령어로 인수 파일을 실행한다. 해당 인수 파일은 스크립트의 첫 번째 인수로 앤시블로 넘겨진다. 해당 인수 파일은 모듈에 전달될 인수를 포함한다. 해당 인수 파일을 source 명령어로 실행하기 때문에, 해당 인수 파일은 임의의 명령을 실행하는데 사용할 수 있다. 하지만, 앤시블은 해당 인수 파일을 이미 실행할 수 있어서 보안 이슈가 많지 않다.

3. 구 장비 이름과 기본 값을 False로 설정한 CHANGED를 받는다. 이렇게 하여 모듈이 어떠한 변경을 수행될 필요가 있는지를 살펴볼 수 있다.

4. 우리가 설정할 신 장비 이름이 전달되었는지, 장비 이름이 현재 설정된 장비와 다른지를 확인한다.

5. 확인할 if 문이 모두 true이면, 장비 이름의 변경을 시도하고, CHANGED를 True로 설정한다.

6. 마지막으로 스크립트의 결과와 exit를 출력한다. 출력이 현재 장비 이름과 변경이 일어났는지 여부를 포함한다.

유닉스 장비의 장비 이름을 변경하려면 루트 권한이 필요하다. 그래서 해당 스크립트를 수정할 때, 루트 사용자로 스크립트를 실행할 수 있는지 확인해야 한다. sudo를 사용한 해당 스크립트가 동작하는지 보기 위해서 테스트해보자. 다음은 사용할 커맨드이다.

```
sudo ansible/hacking/test-module -m ./hostname -a 'hostname=test.example.com'
```

현재 장비의 장비 이름이 test.example.com이 아니면, 다음과 같이 출력을 얻을 것이다.

```
* module boilerplate substitution not requested in module, line
numbers will be unaltered
**********************************
RAW OUTPUT
hostname=test.example.com changed=True



**********************************
PARSED OUTPUT
{
    "changed": true,
    "hostname": "test.example.com"
}
```

여기서 본 것처럼 결과는 올바로 구문 분석되었고, 모듈은 장비에서 변경이 발생되었는지를 출력한다. hostname 커맨드로 모듈을 직접 확인할 수 있다. 이제 두 번째로 동일 장비 이름에 모듈을 실행한다. 다음과 같이 보이는 출력을 볼 수 있을 것이다.

```
* module boilerplate substitution not requested in module, line
numbers will be unaltered
********************************
RAW OUTPUT
hostname=test.example.com changed=False



********************************
PARSED OUTPUT
{
    "changed": false,
    "hostname": "test.example.com"
}
```

다시, 올바로 구문 분석된 결과를 본다. 하지만, 이번에는 우리가 기대한 것처
럼 어떠한 변경이 없다고 모듈이 출력한다. hostname 커맨드로 해당 모듈을
체크할 수도 있다.

모듈 사용

이제 우리는 앤시블의 첫 번째 모듈을 작성했기 때문에 플레이북에서 해당
모듈의 실행을 시도해 볼 것이다. 앤시블은 모듈을 찾기 위해 여러 곳을 본
다. 첫 번째는 config 파일(/etc/ansible/ansible.cfg)의 library 키에서 가리키
는 위치를 보고, 다음에 커맨드라인에 --module-path 인수를 사용할 때 가리
키는 위치를 살펴볼 것이다. 다음에 모듈을 포함하는 library 디렉토리에 플
레이북으로서 같은 디렉토리를 살펴보고, 마지막으로 설정될 수 있는 롤의
library 디렉토리를 볼 것이다.

우리가 만든 새로운 모듈을 사용하는 플레이북을 생성하여 library 디렉토리에 위치함으로서, 같은 위치에서 모듈이 작동하는 것을 볼 수 있을 것이다. 다음은 hostname 모듈을 사용하는 플레이북이다.

```
---
- name: Test the hostname file
  hosts: testmachine
  tasks:
    - name: Set the hostname
      hostname: hostname=testmachine.example.com
```

플레이북 파일이 있는 같은 디렉토리의 library라 불리는 디렉토리를 생성한다. library 디렉토리에 hostname 모듈을 위치하라. 디렉토리 레이아웃은 다음과 같이 보일 것이다.

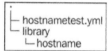

```
.
├── hostnametest.yml
├── library
    └── hostname
```

이제 플레이북을 실행한다면, library 디렉토리의 hostname 모듈을 찾고 실행할 것이다. 다음과 같은 출력을 볼 것이다.

```
PLAY [Test the hostname file] ****************************************

GATHERING FACTS *****************************************************
ok: [ansibletest]

TASK: [Set the hostname] *********************************************
changed: [ansibletest]

PLAY RECAP **********************************************************
```

```
ansibletest                   : ok=2    changed=1    unreachable=0
failed=0
```

다시 플레이북을 실행하면, 결과가 changed에서 ok로 변경될 것이다. 이제 첫 번째 모듈을 생성했고, 실행되었다. 축하한다. 해당 모듈은 당장은 매우 간단하지만, hostname 파일에 대해서 알기 위해서는 모듈을 확장할 수 있거나 부팅 시에 장비 이름을 설정할 다른 방법을 확장할 수 있다.

파이썬으로 모듈 작성

앤시블로 배포되는 모든 모듈은 파이썬으로 작성되어 있다. 또한 앤시블은 파이썬으로 작성되었기 때문에, 해당 모듈은 앤시블과 직접 통합시킬 수 있다. 통합은 모듈을 빨리 실행할 수 있는 속도를 증가시킨다. 다음은 파이썬으로 모듈을 작성해야 하는 여러 이유이다.

- 상용구 코드를 사용할 수 있는 파이썬으로 작성된 모듈은 필요한 코드의 양을 줄일 수 있다.
- 파이썬 모듈은 앤시블에 의해 사용될 문서를 제공할 수 있다.
- 모듈에 인수를 제공하여 자동으로 처리되게 한다.
- 결과는 자동으로 JSON으로 변환된다.
- 앤시블 업스트림은 파이썬으로 보일러판 코드가 포함된 플러그인만을 받는다.

인수를 구문 분석하고 JSON을 직접 출력하는 통합 작업 없이 파이썬 모듈을 여전히 개발할 수 있다. 하지만, 무료로 얻을 수 있는 모든 것을 이용한다 하더라도, 해당 모듈을 위한 상자를 만드는 것이 어려울 것이다.

장비에서 현재 동작 중인 리눅스의 초기 레벨$^{init\ level}$을 바꾸는 파이썬 모듈을 개발해 보자. utmp 파일을 분석해주는 pyutmp이라는 파이썬 모듈이 있다. 불행하게도 앤시블 모듈은 하나의 파일에 포함되어야 하기 때문에 원격 장비에 설치되지 않으면 해당 모듈을 사용할 수 없어서 우리는 runlevel 커맨드를 사용하고 해당 커맨드의 결과를 구문 분석에 의지할 것이다.

첫 번째 단계는 인수가 무엇인지, 모듈이 지원하는 기능이 무엇인지 이해하는 것이다. 단순화를 위해서 한 인수만 받는 모듈을 만들어 보자. 우리는 사용자가 바꾸기 원하는 runlevel을 얻기 위해 runlevel 인수를 사용할 것이다. runlevel 인수를 사용하기 위해서는 우리의 데이터로 AnsibleModule 클래스를 초기화한다.

```
module = AnsibleModule(
  argument_spec = dict(
    runlevel=dict(default=None, type='str')
  )
)
```

이제 모듈의 실제 내부 구조를 구현해야 한다. 전에 생성한 모듈 오브젝트는 몇 가지 바로가기를 제공한다. 다음 단계에서 사용할 세 가지 바로 가기가 있다. 서술할 너무 많은 방법이 존재하기 때문에 모든 AnsibleModule 클래스와 lib/ansible/module_common.py의 사용 가능한 모든 헬퍼 기능을 볼 수 있다.

- run_command: 외부 커맨드를 실행하고 리턴 코드를 얻기 위해 사용되며, stdout과 stderr로 출력된다.
- exit_json: 모듈이 성공적으로 완료되면 앤시블에 데이터를 리턴하기 위해 사용된다.

- `fail_json`: 실패시 에러 메시지와 리턴 코드를 앤시블에 알려주기 위해 사용된다.

다음 코드는 장비의 초기 레벨을 관리한다. 어떻게 동작하는지 설명하기 위해 주석은 다음 코드에 포함된다.

```
def main():      #1
  module = AnsibleModule(    #2
    argument_spec = dict(    #3
      runlevel=dict(default=None, type='str')     #4
    )     #5
  )     #6


  # Ansible helps us run commands     #7
  rc, out, err = module.run_command('/sbin/runlevel')     #8
  if rc != 0:     #9
    module.fail_json(msg="Could not determine current runlevel.",
      rc=rc, err=err)     #10


  # Get the runlevel, exit if its not what we expect     #11
  last_runlevel, cur_runlevel = out.split(' ', 1)     #12
  cur_runlevel = cur_runlevel.rstrip()     #13
  if len(cur_runlevel) > 1:     #14
    module.fail_json(msg="Got unexpected output from runlevel.",
      rc=rc)     #15


  # Do we need to change anything     #16
  if module.params['runlevel'] is None or
    module.params['runlevel'] == cur_runlevel:     #17
    module.exit_json(changed=False, runlevel=cur_runlevel)     #18
```

```
    # Check if we are root      #19
    uid= os.geteuid()      #20
    if uid != 0:      #21
      module.fail_json(msg="You need to be root to change the
        runlevel")      #22

    # Attempt to change the runlevel      #23
    rc, out, err = module.run_command('/sbin/init %s' % module.
params['runlevel'])      #24
    if rc != 0:      #25
      module.fail_json(msg="Could not change runlevel.", rc=rc, err=err)
#26

    # Tell ansible the results      #27
    module.exit_json(changed=True,
        runlevel=cur_runlevel)      #28
```

모듈에 동적으로 통합 코드를 추가할 필요가 있다고 알려주는 상용구에 앤시블이 더할 수 있는 마지막 하나의 뭔가가 있다. AnsibleModule 클래스를 사용하고 앤시블로 강한 통합을 이루게 하는 마법이다. 어떠한 코드도 뒤에 붙지 않은 상용구 코드를 파일의 끝에 올바로 위치할 필요가 있다. 해당 작업을 해주는 코드는 다음과 같다.

```
# include magic from lib/ansible/module_common.py
#<<INCLUDE_ANSIBLE_MODULE_COMMON>>
main()
```

그래서 마지막으로 개발된 모듈에 대한 코드를 포함한다. 모든 코드를 함께 모아 둔다면, 다음 코드와 같을 것이다.

```python
#!/usr/bin/python        #1
# -*- coding: utf-8 -*-        #2

import os        #3

def main():        #4
  module = AnsibleModule(        #5
    argument_spec = dict(        #6
      runlevel=dict(default=None, type='str'),        #7
    ),        #8
  )        #9

  # Ansible helps us run commands        #10
  rc, out, err = module.run_command('/sbin/runlevel')        #11
  if rc != 0:        #12
    module.fail_json(msg="Could not determine current runlevel.",
      rc=rc, err=err)        #13

  # Get the runlevel, exit if its not what we expect        #14
  last_runlevel, cur_runlevel = out.split(' ', 1)        #15
  cur_runlevel = cur_runlevel.rstrip()        #16
  if len(cur_runlevel) > 1:        #17
    module.fail_json(msg="Got unexpected output from runlevel.",
      rc=rc)        #18

  # Do we need to change anything        #19
  if (module.params['runlevel'] is None or
    module.params['runlevel'] == cur_runlevel):        #20
    module.exit_json(changed=False, runlevel=cur_runlevel)        #21
```

```
# Check if we are root       #22
uid= os.geteuid()       #23
if uid != 0:     #24
  module.fail_json(msg="You need to be root to change
     the runlevel")     #25


# Attempt to change the runlevel      #26
rc, out, err = module.run_command('/sbin/init %s' % module.
    params['runlevel'])       #27
if rc != 0:       #28
  module.fail_json(msg="Could not change runlevel.",
    rc=rc, err=err)       #29


# Tell ansible the results      #30
module.exit_json(changed=True, runlevel=cur_runlevel)      #31

# include magic from lib/ansible/module_common.py      #32
#<<INCLUDE_ANSIBLE_MODULE_COMMON>>       #33
main()      #34
```

test-module 스크립트로 배시 모듈을 가지고 테스트했던 방식과 마찬가지로 해당 모듈을 테스트할 수 있다. 하지만, sudo로 스크립트를 실행한다면 주의할 필요가 있으며, 장비를 재시동하거나 원하지 않는 뭔가를 작업하여 초기 레벨을 수정할 수 있다. 해당 모듈은 원격 테스트 장비에서 앤시블을 직접 실행함으로써 아마도 더 테스트될 것이다. 5장의 '모듈 사용' 부분에서 묘사한 것처럼 같은 프로세스를 따른다. 모듈을 사용하는 플레이북을 생성하고 다음에 플레이북과 같은 디렉토리에 만들어진 library 디렉토리에 모듈을 위치한다. 다음이 우리가 사용할 플레이북이다.

```
---
- name: Test the new init module
  hosts: testmachine
  user: root
  tasks:
    - name: Set the init level to 5
      init: runlevel=5
```

이제 원격 장비에 플레이북 코드를 실행할 수 있다. runlevel이 5가 아직 아닌 상태에서 첫 번째로 실행한다면, runlevel이 변경되는 것을 볼 것이다. 그리고 두 번째로 실행할 때는 어떤 것도 변경되지 않은 것을 볼 것이다. 또한 루트^{root}로 실행하지 않는다면, 모듈의 실행이 실패가 되는 것을 확실히 알려주기를 원할 것이다..

외부 저장소

1장에서 앤시블이 어떻게 인벤토리 파일을 필요로 하는지 보았고, 장비가 있는 곳과 장비에 접속하는 방법을 알게 되었다. 또한 앤시블은 다른 소스에서 인벤토리를 얻을 수 있는 스크립트를 명세할 수 있다. 외부 인벤토리 스크립트가 JSON 결과를 유효하게 하는 한 원하는 어떤 언어라도 작성할 수 있다.

외부 인벤토리 스크립트는 앤시블의 서로 다른 두 개의 호출을 받아들여야 한다. --list로 호출되면, 모든 사용 가능한 그룹의 목록과 해당 그룹의 장비를 리턴해야 한다. 게다가 --host로 호출되는 경우에는 두 번째 인수는 장비 이름이 될 것이고, 스크립트는 해당 장비의 변수 목록을 리턴할 것이다. 모든 결과는 JSON으로 기대되며, 자연스럽게 JSON을 지원하는 언어를 사용할 것이다.

모든 장비 목록을 포함하는 CSV 파일을 받는 모듈을 작성하여 해당 CSV 파일을 앤시블 인벤토리로 전달해 보자. CSV로 장비 목록을 내보낼 수 있는 CMDB를 가지고 있거나, 엑셀로 장비를 추적하는 누군가가 있다면, CSV 파일은 유용할 것이다. 게다가 이미 파이썬이 포함된 CSV 처리 모듈은 파이썬의 외부 의존성을 필요하지 않는다. 해당 모듈은 매우 적절하게 CSV 파일을 올바른 데이터 구조로 구문 분석하고 JSON 데이터 구조로 출력한다. 다음은 우리가 처리할 CSV 파일 예제이다. 여러분의 환경에서 장비에 맞게 사용자 정의할 수 있을 것이다.

```
Group,Host,Variables
test,example,ansible_ssh_user=root
test,localhost,connection=local
```

해당 파일은 서로 다른 JSON 결과로 전환될 필요가 있다. --list가 호출되면, 다음과 보이는 형식으로 모든 것을 출력할 필요가 있다.

```
{"test": ["example", "localhost"]}
```

--host example 인수로 호출되면 다음을 리턴할 것이다.

```
{"ansible_ssh_user": "root"}
```

여기에 machines.csv라는 이름으로 파일을 열고 --list가 주어지면 그룹 사전을 생성하는 스크립트가 있다. 게다가 --host와 장비 이름이 주어지면, 장비의 변수를 구문 분석하고 사전으로서 장비 변수를 리턴한다. 스크립트는 주석이 잘 포함되어서 무슨 동작이 이루어지는지 볼 수 있다. 또한 수동으로 --list와 --host 인수를 주어 올바르게 작동하는지 확인해주는 스크립트를 실행할 수 있다.

```python
#!/usr/bin/env python
# -*- coding: utf-8 -*-

import sys
import csv
import json

def getlist(csvfile):
    # Init local variables
    glist = dict()
    rowcount = 0

    # Iterate over all the rows
    for row in csvfile:
        # Throw away the header (Row 0)
        if rowcount != 0:
            # Get the values out of the row
            (group, host, variables) = row

            # If this is the first time we've
            # read this group create an empty
            # list for it
            if group not in glist:
                glist[group] = list()

            # Add the host to the list
            glist[group].append(host)

        # Count the rows we've processed
        rowcount += 1
```

```python
    return glist


def gethost(csvfile, host):
  # Init local variables
  rowcount = 0


  # Iterate over all the rows
  for row in csvfile:
    # Throw away the header (Row 0)
    if rowcount != 0 and row[1] == host:
      # Get the values out of the row
      variables = dict()
      for kvpair in row[2].split():
        key, value = kvpair.split('=', 1)
        variables[key] = value


      return variables


    # Count the rows we've processed
    rowcount += 1


command = sys.argv[1]


#Open the CSV and start parsing it
with open('machines.csv', 'r') as infile:
  result = dict()
  csvfile = csv.reader(infile)


  if command == '--list':
    result = getlist(csvfile)
```

```
elif command == '--host':
    result = gethost(csvfile, sys.argv[2])

print json.dumps(result)
```

앤시블을 이용할 때 인벤토리를 제공하는 인벤토리 스크립트를 지금 사용할
수 있다. 모든 것이 올바로 작동하는지 테스트할 수 있는 빠른 방법은 모든 장
비와의 연결을 테스트할 ping 모듈을 사용하는 것이다. ping 커맨드는 장비가
올바른 그룹에 있는지 테스트하지 않는다. 장비가 올바른 그룹에 있는지 테스
트하기 원한다면, 전체 서버에 ping 커맨드를 실행하는 대신 동일한 ping 모
듈 커맨드를 사용할 수 있으며, 테스트하기 원하는 그룹을 간단히 사용할 수
있다.

```
$ ansible -i csvinventory -m ping all
```

1장의 '앤시블 시작'에서 ping 모듈을 사용할 때와 같이 다음과 같은 결과를
볼 것이다.

```
localhost | success >> {
  "changed": false,
  "ping": "pong"
}

example | success >> {
  "changed": false,
  "ping": "pong"
}
```

해당 결과는 인벤토리의 모든 장비에 연결하여 앤시블을 사용할 수 있음을 나타낸다. 동일한 인벤토리로 플레이북을 실행하기 위해 `ansible-playbook` 에 동일한 `-i` 옵션을 사용할 수 있다.

정리

이제 배시나 아는 기타 다른 언어를 사용하여 모듈을 개발할 수 있을 것이다. 인터넷에서 얻거나 직접 작성한 모듈을 설치할 수도 있다. 또한 파이썬에서 상용구 코드를 사용하여 좀 더 효율적으로 모듈을 작성하는 방법을 다뤘다. 마지막으로 외부 소스에서 인벤토리를 풀^{pull}할 수 있는 인벤토리 스크립트를 작성했다.

찾아보기

에이콘출판의 기틀을 마련하신 故 정완재 선생님 (1935-2004)

acorn+PACKT Technical Book 시리즈

Ansible 설정 관리

손쉽게 환경설정 배포가 가능한 자동화 툴

인 쇄 | 2015년 5월 11일
발 행 | 2015년 5월 20일

지은이 | 다니엘 홀
옮긴이 | 김 용 환

펴낸이 | 권 성 준
엮은이 | 김 희 정
　　　　안 윤 경
　　　　오 원 영
표지 디자인 | 한국어판_이승미
본문 디자인 | 선우숙영

인 쇄 | 한일미디어
용 지 | 신승지류유통(주)

에이콘출판주식회사
경기도 의왕시 계원대학로 38 (내손동 757-3) (437-836)
전화 02-2653-7600, 팩스 02-2653-0433
www.acornpub.co.kr / editor@acornpub.co.kr

이 도서의 국립중앙도서관 출판시도서목록(CIP)은 서지정보유통지원시스템 홈페이지(http://seoji.nl.go.kr)와
국가자료공동목록시스템(http://www.nl.go.kr/kolisnet)에서 이용하실 수 있습니다.(CIP제어번호: CIP2015013226)

책값은 뒤표지에 있습니다.